Geistige Getränke

BRÄNDE & LIKÖRE
HANDGEMACHT &
HOCHPROZENTIG

gestalten

Inhalt

WELT DER SPIRITUOSEN UND LIKÖRE

Beerenobst

Agaven

Getreide

Zuckerrohr & Zuckerrübe

Nüsse

Steinobst

Wurzeln & Knollen

Kräuter & Gewürze

Kernobst

Vorwort

Die Herstellung von hochprozentigen Spirituosen und Likören ist ein uraltes Handwerk, immer schon geprägt von der Natur und der Kultur des Herkunftslandes. Ob Whisky aus Schottland, Cognac aus Frankreich, Rum aus der Karibik oder Pisco aus Peru – hinter jedem der alkoholischen Getränke steckt eine lange Tradition. Und zu jedem gibt es unzählige spannende Geschichten zu erzählen, die häufig weit in eine vergangene Zeit zurückführen.

Der neugierige Blick auf die Historie von Alkoholika ist ein wichtiger Bestandteil dieses Buches. Vor allem aber interessieren wir uns auf den folgenden Seiten für das, was sich im Hier und Jetzt abspielt. Für eine erfrischende Szene von neuen wie etablierten Brennern, die in kleinen bis mittelgroßen Manufakturen Produkte herstellen, die geprägt sind von

- der konsequenten Verwendung natürlicher Zutaten,
- der ausgeprägten Leidenschaft für das Handwerk,
- dem unerschrockenen Mut zum Experiment,
- der unbändigen Freude am Genuss.

Auf der ganzen Welt sind in den letzten Jahren viele neue Destillerien entstanden, die das Wissen und Können der Vergangenheit bewahren und gleichzeitig neu interpretieren. Im Zusammenschluss mit den Brennereien, die sich den unabhängigen handwerklichen Geist der Destillation über Jahrzehnte erhalten haben, ist eine sehr dynamische Bewegung herangewachsen. Sie verströmt nicht nur Herzblut und Pioniergeist, sondern haucht auch einer Industrie frisches Leben ein, die von massenproduziertem Einheitsbrei dominiert wird.

Für dieses Buch haben wir uns weltweit auf die Suche nach dem Besonderen begeben. Wir haben außergewöhnliche Spirituosen und Liköre aufgespürt und stellen die Menschen vor, die diese mit Leidenschaft produzieren. Deren Geschichten und viele andere hochprozentige Porträts ergeben eine Reiseroute, deren Stationen wir in neun Kapiteln abgesteckt haben. Los geht die Reise mit „Trauben und Traditionen", gefolgt von – unter anderem – dem „Lebenswasser der Welt", der „Medizin zum Genießen", dem „Rausch der Karibik" und natürlich den „Bitteren Tropfen". Wie auf jeder guten Reise gibt es dabei allerhand zu erleben und zu lernen – und vielleicht die eine oder andere Überraschung.

Wir wünschen nun viel Vergnügen beim Schmökern und Entdecken mit unserem Guide für genussfreudige Menschen, die das Individuelle suchen und wertschätzen.

Aber: Please drink responsibly!

Destillation

•

Sie bildet das Rückgrat einer jeden Spirituose: Die Technik der Alkoholdestillation ist tief verwurzelt in unserer Kulturgeschichte und hat ihren Ursprung in längst vergangenen Zeiten. Ein Blick zurück auf die Entwicklung eines kunstvollen Handwerks.

Die alchemistische Technik der Destillation ist eine jener fast magischen Entdeckungen und Erfindungen der Kulturgeschichte, die bis heute die Fantasie der Menschen beflügelt. Dabei ist die Entwicklungsgeschichte der Destillation noch gar nicht lückenlos und allumfassend erforscht, sondern weist noch einige weiße Flecken auf.

Vor dem Hintergrund, dass Alkohol in vielen Kulturen durchaus zu den „Grundnahrungsmitteln" gezählt werden muss, ist dies umso erstaunlicher. Im 18. Jahrhundert etwa, unter Friedrich dem Großen, betrug die Tagesration Branntwein für einen Soldaten der Königlich Preußischen Armee sage und schreibe 0,7 Liter! Kein Wunder, denn der „Branntevin" ist extrem kalorienreich, lässt sich hervorragend konservieren, lagern und transportieren – und wird den einen oder anderen Infanteristen auch mit jener Extraportion Tapferkeit und Mut versorgt haben, die auf den blutigen Schlachtfeldern Europas für den Aufstieg Preußens verantwortlich war. Und so wie in Preußen hat der Alkohol in vielen Phasen der Menschheitsgeschichte – im Ritual, bei der Nahrungsversorgung, im Bereich der Wissenschaft, als Rauschmittel oder Energielieferant – seinen Teil zur allgemeinen Entwicklung beigetragen.

Allerdings sind alkoholische Flüssigkeiten – genau wie Schießpulver oder Porzellan – nur ein Zufallsprodukt innerhalb der historischen Evolution der Destillation. Denn am Anfang – etwa drei Jahrtausende vor Christus – stand nicht der Wunsch nach geschmacklichen Höhenflügen oder gar seligen Rauschzuständen, sondern der kosmetische Versuch, Düfte im Wasser festzuhalten. Vermutlich parallel zu Entwicklungen im alten China war das vorantike Persien bestrebt, den Duft von Rosen und anderen Blüten in Flüssigkeiten zu bannen, Duftwässer, Parfüms und Essenzen herzustellen, die nicht nur die Sinne betören, sondern überhaupt das Leben inmitten einer brutalen Welt voller Ausscheidungen und Körperflüssigkeiten ermöglichen sollten!

Die Technik hierzu war genauso primitiv wie wirkungsvoll: Ein Topf mit Wasser und beispielsweise Rosenblüten wurde auf eine Feuerstelle platziert und ein unten offenes Kupfer- oder Bronzegefäß, der sogenannte „Helm" (mit einem nach innen eingeschlagenen Rand), darübergehängt, sodass die aufsteigenden Dämpfe an dem kühleren Helm kondensierten und über diesen Rand ablaufen und aufgefangen werden konnten. So entstanden die ersten Kosmetika der Welt.

Mit der Entdeckung von Gärungsprozessen – vermutlich durch Beobachtung der Vergärung von Honig in ägyptischen Tongefäßen, wodurch ein Vorläufer von Met entstand – war der Weg dann frei, die Destillationstechnik (lat. destillare = herabtröpfeln) auch auf durch Gärung entstandene alkoholische „Maischen" anzuwenden und somit einen in der Antike noch sehr schwachen „al-kuhul" herzustellen. Dieser wurde allerdings noch lange nicht als Getränk genutzt, sondern erneut vornehmlich als Kosmetikum, nämlich als Lösungsmittel für „irdische Essenzen", die man als verschönernde Gesichtsbemalung auftrug und nun mit diesem antiken „Make-up-Entferner" wieder loswerden konnte. Von Alkohol mit trinkbarer Genussreife war zu diesem Zeitpunkt aber noch keine Rede.

Die Technik der Destillation gelangte erst viel später durch persische und maurische Gelehrte via Sizilien und Spanien nach Europa. In mittelalterlichen Klöstern und den alchemistischen Laboratorien der Renaissance wurde die Technik verfeinert und weiterentwickelt – zum Beispiel, indem man die Luftkühlung durch eine Wasserkühlung ersetzte und somit einen ersten Schritt hin zu höherprozentigen Alkoholen machte, gefolgt von einem zweiten Schritt, dem doppelten Brennverfahren, bei dem der Raubrand („Lutter") durch erneutes Destillieren in einen Feinbrand mit damals bis zu 70 Prozent Alkoholgehalt verstärkt werden konnte.

Aqua ardens

Immer auch weit entfernt von einem Genussmittel, stellte dieser höherwertige Alkohol für den Menschen der Renaissance ein veritables Dilemma dar: dessen Kosmos sich aus der Lehre der Elemente, also dem Zusammenspiel der klar abgegrenzten Gegenpole Wasser, Erde, Luft und Feuer erschloss. Mit dem Alkohol war erstmalig ein Stoff vorhanden, der als „Aqua ardens", also „brennendes Wasser", die bisher unvereinbaren Elemente Wasser und Feuer in sich vereinte. Ein Dilemma, das zu großer Aufgeregtheit, medizinischen Hoffnungen und wilden Spekulationen führen sollte. Aus dieser Zeit stammen die bis heute gebräuchlichen Begriffe vom „Aqua vitae", dem Wasser des Lebens (vgl. uisge beatha = Whisky, im gälischen Sprachgebrauch), und der „Quinta essentia", dem einen, reinen Stoff, der die Geheimnisse des Lebens, die Quintessenz der Natur oder das „Fünfte Element" in sich birgt. Man war auf der Suche nach dem „Stein der Weisen", und der geheimnisvolle Stoff Alkohol versprach eine universelle Lösung für alle gesundheitlichen Probleme, er schien ein wahrer Jungbrunnen, der Lebensquell schlechthin zu sein.

Nun muss man sich diesen historischen Alkohol aber als durchweg unreinen methanol- und ölhaltigen Fusel vorstellen, denn von Kenntnissen über die Destillations-Nebenprodukte, Vor- und Nachlaufabtrennung oder die Zusammensetzung alkoholischer Verbindungen konnte natürlich noch keine Rede sein. Und auch Medizin, soll sie denn getrunken werden, muss nach irgendetwas schmecken.

Hier setzten die alchemistischen Tüftler in den Laboratorien der Klöster und Fürstenhäuser an, die damit begannen, Alkohol zum einen aus hocharomatischen Stoffen (vor allem Obst) durch Vergärung zu gewinnen, zum anderen aber auch weniger aromatische, beziehungsweise unsaubere Alkohole durch starke

Geschmacksträger zu aromatisieren. Die ersten Gewürze, die hierzu schon im 13. und 14. Jahrhundert eingesetzt wurden, waren Wacholder, Wermut, sowie Anis, Fenchel und Kümmel. Aus heutiger Sicht lässt sich hieraus sehr leicht eine Ahnenreihe für Gin/Genever, Absinth, Aquavit und Anis-haltige Alkoholika wie Ouzo konstruieren.

Branntwein und Weingeist

Aufgrund der aromatischen Verbesserungen verlässt die Alkoholdestillation im Laufe des 15. und 16. Jahrhunderts schleichend, aber mit der sicheren Perspektive auf Profit den exklusiven Kreis seiner bisherigen Hersteller, also Apotheker, Heilkundler und Ärzte. Auch durch das Interesse der Landesfürsten entwickeln sich erste Rezepturen für geschmacklich verfeinerte Destillate.

Im Zuge der Entdeckungen im Bereich des enzymatischen Aufschlusses von Stärke in Zuckerverbindungen lassen sich Alkohole auch aus günstigen Naturprodukten wie Getreide oder sogar Kartoffeln gewinnen. Wenn wir uns darüber hinaus vergegenwärtigen, dass der sogenannte „Butterberg" keine Erfindung der modernen Welt ist, sondern schon in der frühen

Neuzeit eine zeitweise Überproduktion von landwirtschaftlichen Erzeugnissen vorkam, dann lässt sich leicht nachvollziehen, wie es zu der historischen Sonderentwicklung der „Abfindungsbrennereien", also landwirtschaftliche Brennereien, die per Erlaubnis des jeweiligen Landesherren eine begrenzte Menge an Alkohol produzieren dürfen und für diesen Alkohol „abgefunden" werden. Hier waren es vor allem die Habsburger, und vorneweg die „Schutzpatronin" Maria-Theresia von Österreich, die eine Verarbeitung der landwirtschaftlichen Überproduktion (Obst und Getreide) in Form von fürstlich legitimierten Privatbrennereien mittels sogenannter „Hausbrennrechte" flächendeckend inin ihrem Herrschaftsgebiet organisierten. Seither wird in Ungarn, Österreich, der Schweiz, Süddeutschland, Spanien, Norditalien, Ostfrankreich und den nördlichen Regionen des Balkans in kleinem Maßstab, aber durch zahlreiche Landwirte Schnaps gebrannt. Und genau diese Tausende von Kleinbrennern im alpinen Mitteleuropa sorgten – neben technischen Errungenschaften wie der „column still", der Kolonnenbrennerei von Aeneas Coffey, oder dem kontinuierlichen Brennverfahren – für eine tiefe Verwurzelung der Destillationskunst in den dortigen Bräuchen und Traditionen wie auch in deren kulinarischer Kultur.

Im Gegensatz zu den USA, England, Frankreich und der Schweiz hatten die meisten mitteleuropäischen Länder kaum unter Prohibitionstendenzen zu leiden, was auch zu der Entfaltung einer schier unendlichen Bandbreite an verschiedensten regionaltypischen Spirituosen geführt hat – und damit zu einem handwerklich-kulinarischen Erbe, das es heute zu bewahren gilt. (Christoph Keller)

100
90
80

GEWUSST WIE

Die Destillation von Whisky

Diese Grafik zeigt auf anschauliche Weise den Produktionsprozess einer Destillerie. Je nach gewünschtem Ergebnis und Volumen gibt es zahlreiche unterschiedliche Destillationstechniken. Hier zeigen wir exemplarisch die Herstellung von Whisky.

Das Getreide, klassischerweise Gerste (1), wird zunächst gemälzt. Beim Mälzen bringt man das Korn zum Keimen, damit die im Korn enthaltene Stärke zu Zucker (vor allem zu Malzzucker) umgewandelt wird. Der Keimungsprozess wird durch Hitze oder durch heißen Rauch gestoppt. Das Malz wird in einer Hammermühle (2) geschrotet und anschließend in einem Maischbottich (3) mit heißem Wasser gemischt. Dabei werden die im Getreide enthaltenen fermentierbaren Zuckersorten ausgelaugt. Durch den perforierten Boden des Maischbottichs kann die nun zuckerreiche Flüssigkeit, auch Würze genannt, abfließen. Dann wird die auf zirka 20 Grad abgekühlte Würze in einen Gärtank (4) aus Holz oder Edelstahl gepumpt. Hier wird ihr Hefe zugesetzt, es kommt zu einem Gärprozess und der gelöste Zucker verwandelt sich in Alkohol und Kohlendioxid. Innerhalb von zwei bis drei Tagen ist ein (ungehopftes) Bier entstanden. Dieses Bier hat jetzt einen Alkoholgehalt von 5 bis 8 Prozent und ist bereit für die Destillation. Im kupfernen Brennkessel (5) wird diese Maische bis zum Siedepunkt erhitzt, wodurch sich der Alkohol im entstehenden Dampf anreichert und von der Flüssigkeit trennt. Der alkoholische Dampf wird über den Kesselhelm in den Kühler (6) geleitet und durch die Kühlung wieder verflüssigt. Das Ergebnis dieser ersten Destillation, der sogenannte Raubrand, ist aber noch unsauber und enthält nicht genügend Alkohol. Daher muss der Brand ein zweites Mal destilliert werden. Das fertige Destillat, Feinbrand genannt, fließt in die Vorlage, einen kleinen Behälter mit Überlauf, in dem ein Alkoholmeter zur Bestimmung des Alkoholgehalts schwimmt. Hier findet die Abtrennung der verschiedenen Fraktionen statt: Es wird unterschieden zwischen dem Vor-, Mittel- und Nachlauf, wobei ausschließlich der reine Mittellauf Verwendung findet. Der Whisky wird in Holzfässer (7) abgefüllt, in denen er unterschiedlich lange lagert. Nach dem Reifeprozess wird der Whisky in Flaschen (8) abgefüllt. Hierbei wird meistens Wasser hinzugefügt, um eine gebräuchliche Trinkstärke zu erzielen.

1 Getreide als Ausgangsstoff
2 Getreide wird gemahlen
3 Herstellung der Maische
4 Maische wird fermentiert
5 Destillation im Brennkessel
6 Die Alkoholdämpfe kondensieren im Kühler
7 Reifeprozess in Fässern
8 Abfüllung in Flaschen

A Hammermühle
B Maischbottich
C Gärtank
D Brennkessel
E Helm
F Kühler

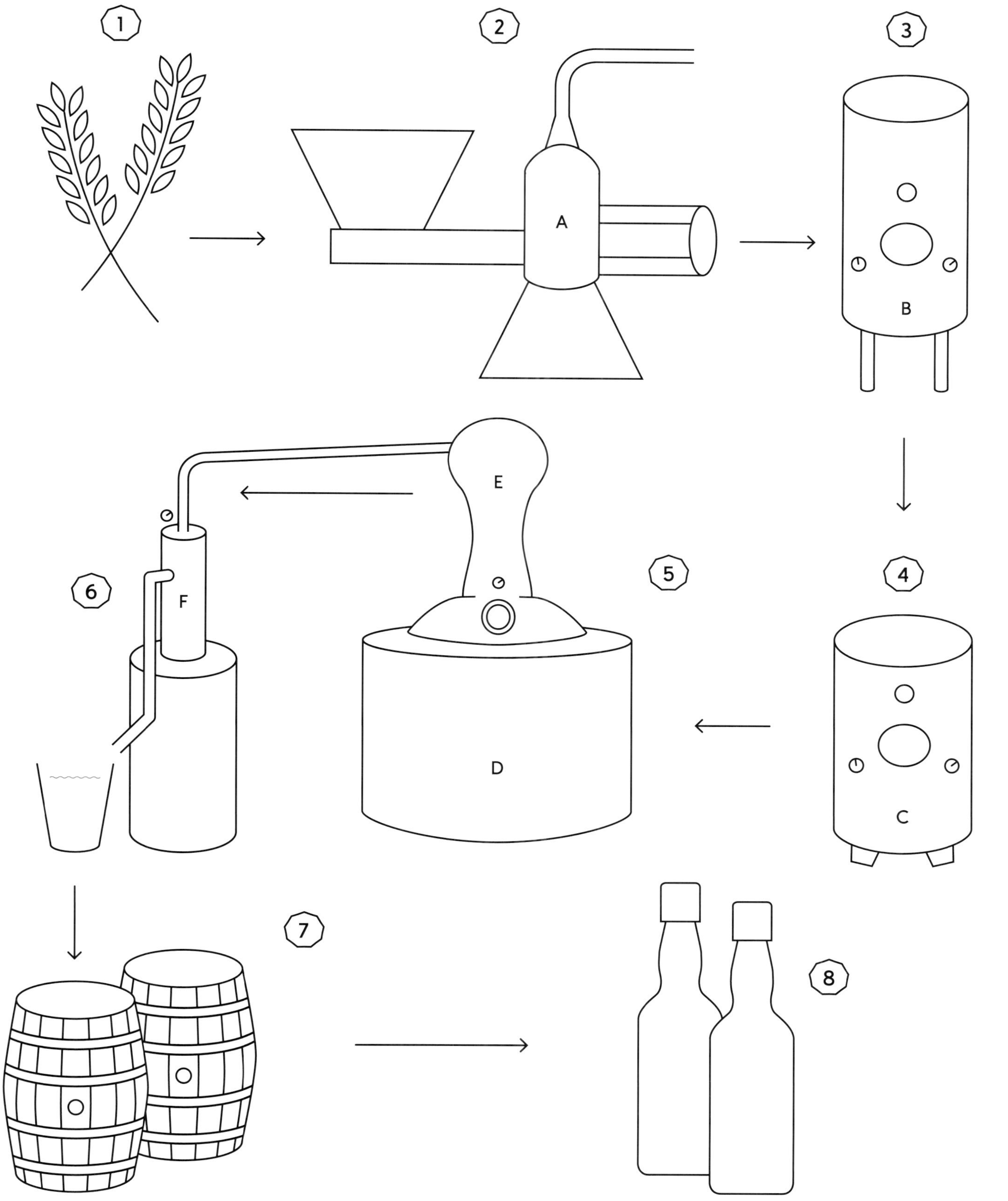
1
2
A
3
B
E
5
6
F
D
4
C
7
8

Lebenswasser der Welt

•

Wann genau die schottischen und irischen Kelten mit der Destillation ihres „uisge beatha", des sogenannten Lebenswassers, begannen, hat sich im Nebel der Zeiten verloren. Spätmittelalterliche Aufzeichnungen aus schottischen Klöstern legen nahe, dass Whisky schon damals sehr beliebt war. Wo immer die Kelten hinzogen, nahmen sie den Whisky mit und verhalfen ihm dabei zu weltweiter Popularität.

Koval Distillery

Nur wenige Jahre nach Gründung ihrer Destillerie in Chicago musste sich das Ehepaar Sonat und Robert Birnecker auf die Suche nach einem neuen Gebäude machen. Eines, das groß und vor allem hoch genug wäre, um die neu angeschaffte massive Brennanlage zu beherbergen: eine doppelsäulige Kolonnenbrennerei mit jeweils zehn Destillierböden, einem Fassungsvermögen von 5000 Litern und einer Höhe von über 7 Metern – eine Spezialanfertigung aus Deutschland. Diese Dimensionen sagen einiges über den Erfolg der Koval Distillery, wo neben Gin, Wodka und Obstlikören vor allem Whiskey hergestellt wird.

Im Gründungsjahr 2008 war Koval in Chicago – einer Stadt, die eher für Bier ihr bekannt ist – die erste Kleinbrennerei und sogar die erste Destillerie-Neugründung seit über hundert Jahren. In dieser Phase reichte eine 300-Liter-Anlage noch völlig aus. Doch die Arbeit von Robert Birnecker, der aus Österreich stammt, fand schnell Gefallen. Was kein Wunder ist, da Robert sein Handwerk im Familienbetrieb gelernt hat und ein Wissen und Können mitbringt, das in den USA kaum zu finden ist. „Die Prohibition hat viel Wissen vernichtet", erzählt Robert Birnecker. „Es gab bis vor ein paar Jahren weder Kurse noch andere Weiterbildungsmöglichkeiten für Brenner." Heute unterrichtet Birnecker selbst am Chicagoer Siebel Institute und steht Entrepreneuren bei Destillerie-Neugründungen als Berater zur Seite.

Koval bezieht ausschließlich Bio-Getreide von Farmern aus der Umgebung und benutzt kohlefiltriertes Wasser aus dem Lake Michigan. Eine Spezialität der Birneckers ist Single Grain Whiskey, für den jeweils nur eine Getreideart verwendet wird. Im Bourbon-Land, wo traditionell mehrere Getreidesorten gemischt werden, durchaus ein Clou. Zumal Koval dadurch bekannt wurde, dass auch exotisches Getreide für den Whiskey Verwendung findet: „Wir wollten Getreidesorten verarbeiten, die bisher eher vernachlässigt worden sind. Maischen aus Hirse, Dinkel und Hafer waren daher ganz oben auf unserer Produktliste. Besonders Hirse hat sich dann als sehr guter Rohstoff herausgestellt, der auch bei den Kunden großen Anklang findet", so Birnecker über seinen Millet Whiskey. Jede Spirituose aus der Koval Distillery kann bis zum Fass und weiter bis zum Biobauern, zurückverfolgt werden der das Getreide liefert.

KOVAL
OAT WHISKEY

Destillerie · Koval Distillery
Sorte · Grain Whiskey

Robert Birnecker hat die Destillierkunst von Kindesbeinen an kennengelernt und früh in der Brennerei seines österreichischen Großvaters mitgearbeitet. Als er später in Washington als Pressesprecher der österreichischen Botschaft arbeitete, besann er sich auf sein wertvolles Erbe und beschloss, es in Amerika fruchtbar zu machen. Gemeinsam mit seiner Frau Sonat gründete er 2008 die Destillerie Koval in Chicago – seit der Prohibition die erste Neugründung innerhalb der Stadtgrenze. Ihre Whiskeys, Liköre und Spirituosen werden dem Paar aus den Händen gerissen und mit Preisen überhäuft. So wurde aus der Startgröße eines 300-Liter-Destillierapparates schnell ein 5000er. Besonders angetan hat es den Chicagoern der 40-prozentige Oat Whiskey mit Karamell- und Hafernoten, gereift in amerikanischen Eichenholzfässern.

Alkoholgehalt: 40 Vol.-%
Ort: Chicago (IL), USA
Gründung: 2008

KOVAL
MILLET WHISKEY

Destillerie · Koval Distillery
Sorte · Grain Whiskey

Seit Mitte des 19. Jahrhunderts musste Chicago ohne eigene Destillerie auskommen. Koval hat das geändert. Der Millet Whiskey von Robert und Sonat Birnecker steht wie kein anderes ihrer Produkte für den gelungenen Mix aus Handwerk und Innovation: Als weltweites Novum wird er aus Hirse gebrannt, einem Getreide, das seit Jahrtausenden auf afrikanischem und asiatischem Boden bewächst. Koval bezieht seine Hirse von einem lokalen Farmerkollektiv, mahlt und mälzt das Getreide vor Ort und destilliert es in einer handgefertigten Kupferbrennblase des deutschen Herstellers Kothe. Nur der „Middle Cut", das Herzstück des Destillats, ist gut genug, um in neuen Fässern aus amerikanischer Eiche zu reifen, mit deren Aroma der Whiskey schließlich durch die Kehle fließt, wo es einen klaren Nachgeschmack hinterlässt.

Alkoholgehalt: 40 Vol.-%
Ort: Chicago (IL), USA
Gründung: 2008

OLD SUGAR QUEEN JENNIE WHISKEY

Destillerie · Old Sugar Distillery
Sorte · Grain Whiskey

Gegründet wurde die Old Sugar Destilleriy 2010. Nathan Greenawalt hatte sich eine maßgeschneiderte Destillierapparatur im Ozark-Gebirge anfertigen lassen, die er mit geborgtem Transporter eigenhändig bis nach Madison karrte. Das Glück war auf seiner Seite, als Wisconsin den Brennereien plötzlich erlaubte, Probierstuben einzurichten. Sobald sein „Tasting Room" eröffnete, ging es mit dem Betrieb nur noch bergauf. Der außergewöhnliche Whiskey „Queen Jennie" ist eine Hommage an die Schwarzhändlerin Jennie Justo, die den Einwohnern Madisons während der Prohibition in ihrer Flüsterkneipe heimlich weiter Schnaps ausschenkte. Hergestellt aus regional angebauter Hirse, gereift in kleinen Holzfässern, schmeckt dieser glutenfreie Whiskey anders als alle anderen seiner Sorte.

Alkoholgehalt: 40 Vol.-%
Ort: Madison (WI), USA
Gründung: 2010

CORSAIR QUINOA WHISKEY

Destillerie · Corsair Artisan Distillery
Sorte · Grain Whiskey

Seit Jahrtausenden bauen Andenvölker das mineralstoffreiche Quinoa an, das seit Kurzem eine globale Zweitkarriere als glutenfreie, proteinhaltige Alternative zu anderen Getreidesorten erlebt. Die Corsair Distillery in Nashville hat das Korn für ihre Whiskeyproduktion entdeckt und brennt den Quinoa Whiskey nicht nur unter Verwendung von gerösteter und ungerösteter Gerste, sondern auch mit 20 Prozent Anteil an ungemälztem roten und weißen Quinoa. Der Whiskey reift in großzügig gekohlten Fässern aus amerikanischer Eiche und schmeckt leicht nussig mit Butter-, Trockenfrucht- und Brotaromen.

Alkoholgehalt: 46 Vol.-%
Ort: Nashville (TN), USA
Gründung: 2010

BRENNE FRENCH SINGLE MALT

Destillerie · Brenne
Sorte · Single Malt Whisky

Der Brenne-Whisky ist eigentlich noch ein Baby, dessen Niederkunft 2012 aber eine lange Planungs- und Versuchsphase vorausging. Das Ehepaar Allison und Nital Patel hegte seit Jahren eine Leidenschaft für das Getränk, fand in der Heimat USA aber keine außergewöhnlichen Whiskybrennereien. Ihr letztendlich geglücktes Produkt entstand in Zusammenarbeit mit einem Destillateur aus der französischen Cognacregion. Hier findet – angefangen mit zwei alteingesessenen Gerstensorten als Grundzutat – die komplette Herstellung statt. Der besondere Clou offenbart sich im etwa siebenjährigen Reifeprozess. Durch eine Fasskombination aus unbenutzten Limousin-Eichenholzfässer und benutzten Cognacfässern erhält der Whisky eine glatte, cremige Struktur und einen fruchtig-eleganten Geschmack. „Wie Crème brûlée, gebrannter Karamell, tropische Früchte und warme Gewürze", so das Whiskypärchen.

Alkoholgehalt: 40 Vol.-%
Ort: Cognac, Frankreich
Gründung: 2012

GLENDALOUGH
SINGLE MALT (7 YEARS)

Destillerie · Glendalough Distillery
Sorte · Single Malt Whiskey

Sieben Jahre reifte der erste Single Malt, den die fünf Glendalough Distillers herstellten. Sieben Kreuze prangen neben dem heiligen Kevin auf dem Etikett der Flasche, die die geografische Lage der Kirchen Glendaloughs verzeichnen. Einen Zusammenhang weisen die Brenner von sich: „Wir hier in Glendalough sind nicht abergläubisch – das bringt nur Pech". Die vielen guten Geister, Erd- und Wasserwesen in dieser verwunschenen Gegend haben die Jungs aber sowieso auf ihrer Seite, weil sie die irische Tradition und Natur so pfleglich behandeln. Neben dem Siebenjährigen, gereift in Bourbonfässern und mit dem Wasser der Wicklow Mountains auf 46 Prozent gebracht, produziert die Destillerie noch einen 13-jährigen Single Malt: in der Art, die den irischen Whiskey einst berühmt gemacht hat. Der Double Barrel ist mild und floral, im Bourbon- und im Sherryfass gereift.

Alkoholgehalt: 46 Vol.-%
Ort: Grafschaft Wicklow, Irland
Gründung: 2011

SULLIVANS COVE
FRENCH OAK

Destillerie · Tasmania Distillery
Sorte · Single Malt Whisky

Ausschließlich tasmanischen Zutaten wird die Ehre zuteil, den French Oak von Sullivans Cove zu bereichern. Als erster weder schottische noch japanische Whisky gewann der French Oak 2014 den Wettbewerb um den weltbesten Single Malt. Die Whiskytradition Tasmaniens geht zurück auf das frühe 19. Jahrhundert, als Hobart, die tasmanische Hauptstadt, in eine britische Strafkolonie verwandelt wurde. Das 1838 erlassene Brennverbot schob der weiteren Entwicklung für über 150 Jahre den Riegel vor. Der French Oak lebt vom vollen Aroma tasmanischer Franklin-Gerste und reift 12 bis 14 Jahre in Bourbon- und Portfässern. Er überzeugt mit weicher Toffeenote, leichtem Sirupgeschmack und dem Aroma dunkler Schokolade.

Alkoholgehalt: 47,5 Vol.-%
Ort: Cambridge, Australien
Gründung: 1994

Glendalough Distillery

Als der heilige Kevin von Glendalough noch ein kleiner Junge war, bewirkte er im Irland des gerade begonnenen 6. Jahrhunderts schon Wunder. Allerdings waren seine Eltern aus königlichem Geschlecht bereits im Vorfeld seiner Geburt von einem Engel auf die besonderen Kompetenzen ihres Sohnes hingewiesen worden. Dass er eine religiöse Erziehung im Kloster genießen sollte, war also abgemachte Sache. Viele Jahre später, auf dem Rückweg einer Wallfahrt nach Rom, ließ er sich im kleinen Ort Glendalough nieder, gründete eine Abtei und predigte Askese. Dass sich also ausgerechnet der abstinente St. Kevin auf den hochprozentigen Flaschen der Glendalough Distillery findet, klingt erst einmal provokant. Aber so säkularisiert die fünf jungen Gründer auch wirken mögen, die Traditionen ihrer Heimat liegen ihnen ehrlich am Herzen. Wenn auch mit einem Augenzwinkern. Kevin als Testimonial ist gut begründet: „Glendalough war eine der Geburtsstätten des Destillierens, wo irische Mönche wie St. Kevin den ersten Poitin herstellten, sie waren Meisterdestillateure", so die Brenner. Erst im Mai 2011 eröffneten die Freunde aus Wicklow und Glendalough 50 Kilometer südlich von Dublin ihre eigene Destillerie, wo sie inmitten urwüchsiger Natur Gin, Whiskey und Poitin köcheln, einen Vorläufer des Whiskys. Klassischerweise waren dessen Zutaten schon immer gemälzte Gerste, Zuckerrübe und Kartoffeln. Im 17. Jahrhundert wurde der Poitin verboten, angeblich, weil er die rebellische Ader, der Iren befeuerte, und entstand jahrhundertelang nur hinter vorgehaltener Hand. Als die Glendalough Distillers 2013 ihren ersten Poitin auf den Markt brachten, mussten sie ein gutes Händchen beweisen für einen angemessenen Umgang mit ihrem irischen Urerbe. Und obwohl sie ihrem Poitin einen eigenen Charakter geben, ist er durch und durch made in Glendalough.

SLYRS SINGLE MALT WHISKY

Destillerie · Slyrs Destillerie
Sorte · Single Malt Whisky

Diese Spirituose entstand dank einer Wette: Bei einem Aufenthalt in Schottland wettete Florian Stetter, dass er einen Single Malt Whisky auch in seiner Heimatstadt in Oberbayern herstellen könne. Nach seiner Rückkehr beschäftigte er sich mit Destillierung und Alterung in einer neuen Destillerie in Neuhaus. Das Gerstenmalz wird in niedrigeren Regionen nahe Bamberg gewonnen und dann bei Slyrs gemahlen und sieben Tage mit Zusatz von alpinen Quellwasser gegoren. Nach der Destillation in einer sehenswerten Brennblase mit bogenförmigen Lyne-Armen altert der Whisky drei Jahre lang in Fässern aus frisch geschlagener amerikanischer Weiß-Eiche. So erwirbt der ungetorfte Whisky eine angenehme malzig-hölzerne Note mit fruchtigem Aroma.

Alkoholgehalt: 43 Vol.-%
Ort: Schliersee, Deutschland
Gründung: 1999

COTSWOLDS SINGLE MALT WHISKY

Destillerie · The Cotswolds Distillery
Sorte · Single Malt Whisky

Eines Tages einen Whisky wie die Schotten fabrizieren – mit diesem Anspruch startete der gebürtige New Yorker Dan Szor sein Destillerieprojekt Cotswolds. Keine Autostunde von Englands ältester Mälzerei entfernt, verwandelte er einen alten Schuppen in eine vollfunktionale Brennerei. Die Gerste stammt dabei ausschließlich von Landwirten aus der unmittelbaren Umgebung. 500 Kilogramm davon werden mit 2500 Liter Wasser über drei Tage hinweg eingemaischt. Auf 70 Vol.-% destilliert, wird das Destillat mit 63,5 Vol.-% in gebrauchte Sherry- und Bourbon-Fässer gefüllt. Dort darf der Whisky drei Jahre und mehr darauf warten, ob man ihn vielleicht mal mit einem Schotten wird verwechseln können.

Alkoholgehalt: 46 Vol.-%
Ort: Stourton, Großbritannien
Gründung: 2014

THE BELGIAN OWL SINGLE MALT WHISKY

Destillerie · The Owl Distillery
Sorte · Single Malt Whisky

Der Single Malt The Belgian Owl ist überzeugter Belgier. Vom Anbau bis zur Abfüllung geschieht alles auf belgischem Boden, sogar das Wasser wird auf dem Hof Ferme de Goreux lokal gefördert. Dabei stehen Fair Trade und Umweltschutz an erster Stelle. Pierre Roberti, Landwirt in siebter Generation und einer der drei Macher von The Belgian Owl, baut die spezielle belgische Gerste an, die für das elegante Aroma des Single Malt Whiskys sorgt. Während sich Christian Polis um das Finanzielle kümmert, überwacht Etienne Bouillon – Schüler und Botschafter der schottischen Bruichladdich Distillery – den Brennvorgang in den beiden jahrhundertealten „Pot Stills" der schottischen Caperdonich Distillery, die mittlerweile hier in Belgien ihr Werk verrichten. Darauf folgen drei Jahre Lagerung in neuen Bourbonfässern der Heaven Hill Distillery.

Alkoholgehalt: 46 Vol.-%
Ort: Fexhe-le-Haut-Clocher, Belgien
Gründung: 2004

SPRINGBANK
SPRINGBANK (21 YEARS)

Destillerie · Springbank Distillers
Sorte · Single Malt Whisky

Die Gegend um Campbeltown auf der schottischen Halbinsel Kintyre ist schon seit Menschengedenken mit der Herstellung von Whisky verknüpft. Schriftlich erwähnt ist das bereits seit 1591. Da war die am Meer gelegene und gut geschützte Stadt schon auf dem besten Wege, zum Zentrum für Whiskyschmuggler zu werden. Auch die Mitchells fingen als Schwarzbrenner an, bevor sie mit der Springbank Distillery einen legalen Betrieb aufbauten. Produktion und Ausstattung stammen noch aus viktorianischen Zeiten und die Single Malts sind gewollt altmodisch. Sogar die Mälzung – auf dem Boden und per Hand – findet vor Ort statt. Dem „21 Year Old" liegt ein Rezept zugrunde, das aus den Anfängen der Destillerie stammt. Er ist ein cremiges Tröpfchen mit Erdbeernoten und dem Geschmack von gezuckerten Mandeln.

Alkoholgehalt: 46 Vol.-%
Ort: Campbeltown, Großbritannien
Gründung: 1828

SPRINGBANK
CASK STRENGTH (12 YEARS)

Destillerie · Springbank Distillers
Sorte · Single Malt Whisky

Im Jahr 2013 erwarb ein chinesischer Sammler einen 50 Jahre alten Whisky der Springbank Distillery im Gegenwert von 50.000 britischen Pfund. Für die unverbesserlichen schottischen Sparfüchse ein Ereignis, das sogar in die Familienchronik der Gründer aufgenommen wurde. Und die reicht weit zurück ins 17. Jahrhundert, als in der Gegend um Campbeltown die ersten Mitchells als Mälzer arbeiteten. Archibald Mitchell war der erste Brenner der Familie, die 1828 eine eigene Whisky-Destillerie lizensieren ließ. Ein vergleichsweise junges Exemplar, unter der Fürsorge von Archibalds Ururenkel gereift, ist der fassstarke Single Malt „Springbank 12 Year Old" mit Geschmack nach Rosinen, Feigen, Leinöl und einem Hauch Papaya. Ein Tropfen Wasser dazu soll Milchschokolade- und Vanillenoten freisetzen.

Alkoholgehalt: 54,3 Vol.-%
Ort: Campbeltown, Großbritannien
Gründung: 1828

PEATED

Destillerie · Stauning Whisky
Sorte · Single Malt Whisky

Mit einem Wochenendtrip unter Freunden und der Verwunderung darüber, dass hier noch niemand Whisky herstellt, beginnt die Entstehungsgeschichte von Stauning Whisky. Die Augen der neun Männer zwischen 30 und Ende 50 glänzten bei der Idee dieser kernigen Freizeitbeschäftigung. Vier Ingenieure, ein Pilot, ein Fleischer, ein Koch, ein Doktor und ein Lehrer bilden das dänische Whiskyteam, die ehemalige Fleischerei den Austragungsort. Für die Herstellung des Peated Whisky mälzen die Männer ihre dänische Gerste selbst und trocknen sie über einem Torffeuer. Der zweimal destillierte Whisky lagert drei Jahre in Bourbon-Fässern und weist trotz seiner Jugendlichkeit einen reifen Geschmack auf, der an rauchige Schokolade, Nougat und Melasse erinnert. Bei der International Review of Spirits Competition gab es dafür Gold.

Alkoholgehalt:55 Vol.-%
Ort: Stauning, Dänemark
Gründung: 2005

URANIA

Destillerie · Spirit of Hven
Sorte · Single Malt Whisky

Schon der Astronom Tycho Brahe hatte im 16. Jahrhundert seine auf der kleinen schwedischen Insel Hven errichteten Sternwarten nach der griechischen Muse Urania benannt, die die vier Dörfer des Eilands europaweit bekannt machten. Weil die Gewürdigte so gute Dienste geleistet hat, soll sie jetzt dem Urania Single Malt der hier ansässigen Destillerie Spirit of Hven ein günstiges Schicksal bereiten, hat sie doch Einfluss auf die Sterne. Und die lassen die Gerste auf Hven gedeihen, sorgen für ein ideal ausbalanciertes Verhältnis von Mineralien und Salz im Wasser und helfen den drei empfindsamen Hefestämmen dabei, sich zu entfalten. Mehr als diese drei Zutaten – und die Gunst der Muse – braucht es nicht für den frisch-pfefferigen Single Malt, der drei Jahre im Fass aus dreierlei Eichenholz reift.

Alkoholgehalt: 45 Vol.-%
Ort: Sankt Ibb, Schweden
Gründung: 2008

LARK SINGLE MALT WHISKY

Destillerie · Lark Distillery
Sorte · Single Malt Whisky

„Ich wundere mich wirklich, warum es niemanden hier in Tasmanien gibt, der Whisky herstellt", bemerkte Bill Lark gegenüber seinem Schwiegervater Max beim gemeinsamen Forellenangeln. Vielleicht hatte Bill gehofft, von Max überredet zu werden, es doch einfach selbst zu versuchen. Aber so ein Whiskyunterfangen darf nicht auf Zweifeln gründen. Bill tat jedenfalls das Richtige: 1992 gründete er die Lark Distillery und nutzte das ideale Klima, die Gerstenfelder, Hochmoore und das besonders weiche Wasser der Region für seine Zwecke. Der 43-prozentige Single Malt Lark Whisky aus tasmanischer Gerste ist das Aushängeschild der Destillerie: Bis zu acht Jahre lang reift er in kleinen 100-Liter-Fässern. Blumig und fruchtig ist er, mit zarten Plumpudding- und Malznoten und einem milden Finish von Highlandtorf.

Alkoholgehalt: 43 Vol.-%
Ort: Hobart, Tasmanien, Australien
Gründung: 1992

Lark Distillery

Es sind nicht unbedingt Hochmoore, die vor dem geistigen Auge erscheinen, wenn man in Gedanken nach Australien reist. Dennoch gibt es auf der etwa 240 Kilometer vor der australischen Südküste gelegenen Insel Tasmanien einige davon. Und so wundert sich nur der Ortsunkundige, dass hier, am buchstäblich anderen Ende der Welt, Whiskys nach europäischem Vorbild gebrannt werden. (Wobei Tasmanien ziemlich genau die Ausmaße Irlands besitzt, aber das nur am Rande.) Dennoch hatten Whiskyfreunde in Down Under eine kleine Durststrecke zu überwinden. Ganze 150 Jahre waren vergangen, seit die letzte Destillerie ihre Pforten geschlossen hatte, bevor Bill Lark sich 1992 ein Herz fasste, um diese Versorgungslücke wieder zu schließen. Ein Angelausflug mit seinem Schwiegervater Max in den tasmanischen Highlands war die Geburtsstunde der Idee. Beim Genuss von Max' goldbraunem selbstgebrannten Single Malt gelangten die Männer zu der Erkenntnis, dass ihre Heimat die besten Voraussetzungen böte, um einen hochwertigen Whisky herzustellen. Als da wären Gerstenfelder, Torf und sehr weiches, reines Wasser aus den Regenwaldgebieten der Insel. Ein weiteres Geschenk der Götter: Die ausgeprägten Geschmacksnerven von Bills Frau Lyn und Tochter Kristy, die – ziemlich untypisch in der Branche – heute im Familienbetrieb Lark Distillery als Brennmeisterinnen tätig sind. „Small cask ageing", also die Reifung in kleinen Fässern, die mehr Holzoberfläche pro Flüssigkeitsvolumen aufweisen als größere Lagergefäße und so den Geschmack stärker beeinflussen, sind ein weiteres Markenzeichen der Brennerei. Wohl ebenfalls ein Grund, warum der tasmanische „boutique style whisky" in den letzten Jahren auch in der „Alten Welt" viele Preise abgeräumt und Tasmanien ins Bewusstsein der Whiskyfreunde eingebrannt hat.

MCCARTHY'S OREGON SINGLE MALT WHISKEY

Destillerie · Clear Creek Distillery
Sorte · Single Malt Whiskey

Stephen McCarthy lancierte seinen Oregon Single Malt auf dem Höhepunkt des amerikanischen Whiskey-Comebacks. Seine herausragende Qualität hält der Whiskey, der nach traditionellen Techniken der Hebrideninsel Islay hergestellt wird, seit Jahrzehnten. Aus der schottischen Destillerie Port Ellen wird über Torffeuer gemälzte Gerste nach Oregon verschifft, dort in der Holstein-Brennblase der Clear Creek Distillery einfach gebrannt und anschließend in luftgetrockneten Fässern aus lokaler Eiche mindestens drei Jahre gelagert. Das preisgekrönte Ergebnis ist ein sehr torfiger Whiskey mit Anklängen von Kiefer und Eiche, milder Gerstensüße und einem Aroma, das durchaus mit weit länger gereiften Islay Single Malt Scotchs vergleichbar ist.

Alkoholgehalt: 40 Vol.-%
Ort: Portland (OR), USA
Gründung: 1985

KILCHOMAN SINGLE MALT MACHIR BAY

Destillerie · Kilchoman Distillery
Sorte · Single Malt Whisky

Anthony Wills' Talente erstrecken sich ganz offensichtlich auch auf die Kindererziehung. Wie sonst hätte er seine drei Söhne George, Peter und James von Anfang an so effektiv in seine Whisky-Destillerie einbinden können? 2005, im Jahr ihrer Gründung auf der schottischen Insel Islay, schrubbten, wischten und polierten sie noch um die Wette, heute verantworten sie Vertrieb und Marketing. Die Kilchoman Distillery ist die erste, seit über 100 Jahren auf die der „Königin der Hebriden" neu eröffnet wurde. Wills hatte sich damals entschieden, seine Gerste auf der angrenzenden Farm selbst anzubauen und zu mälzen. Aufwendig, aber lohnenswert. Der Single Malt Machir Bay gewann gleich im ersten Jahr Gold bei der IWSC. Gereift in Bourbon- und Sherryfässern, entwickelt er Aromen tropischer Früchte, von Torf und Vanille sowie eine intensive Süße.

Alkoholgehalt: 46 Vol.-%
Ort: Islay, Großbritannien
Gründung: 2005

MACKMYRA BRUKSWHISKY

Destillerie · Mackmyra Distillery
Sorte · Single Malt Whisky

Das klingt nach einer Sache, die „ein Mann erledigt haben muss", nachdem es mit Familie, Haus und Baum schon geklappt hat: Man kann sich bei dem schwedischen Whiskyhersteller sein persönliches Fass konfigurieren, es mit Namensplakette versehen und reifen lassen. Überbrücken lassen sich die mindestens drei Jahre Wartezeit mit einer Flasche Mackmyra Brukswhisky, der in Bourbon-, Sherry- und schwedischen Eichenfässern gereift ist. Der pfefferig-fruchtige Single Malt duftet nach Buttertoffee, Birne, Lakritz, Zitrusfrüchten – und gewann 2010 bei der IWSC Gold. 1999 waren es acht ehemalige Kommilitonen, die die erste Whisky-Destillerie Schwedens gründeten. Hier profitieren sie vom reinen Wasser, den langsam wachsenden herben Eichen für ihre Fässer und einer Gerste, die ihre ausgeprägte Süße den langen Sommertagen verdankt.

Alkoholgehalt: 41,4 Vol.-%
Ort: Gävle, Schweden
Gründung: 1999

Mackmyra Distillery

Warum gibt es in Schweden keinen Whisky? Im Jahre 1998 traf sich eine Gruppe schwedischer Freunde beim Skifahren, abends trank man dann schottischen Whisky, und die Frage stellte sich wie von selbst. Recherchen der Freundesrunde ergaben, dass in Schweden eigentlich alle Voraussetzungen für eine Whiskyproduktion gegeben sind: reines Wasser in Hülle und Fülle, gute Gerste auf den Feldern und sogar Eichen für die Fässer. In Schweden war einfach nur noch niemand auf die Idee gekommen, Whisky zu brennen. Das hat sich mittlerweile geändert. Schweden hat sich von einem Land der Whiskytrinker zu einem Land der Whiskyproduzenten gemausert. Eine führende Rolle dabei spielt Mackmyra, die von den acht skifahrenden Freunden 1999 gegründete Whisky-Destillerie. Seit im Jahr 2000 das erste 30-Liter-Fass befüllt wurde, ist viel passiert. Mackmyras Meisterdestillateurin Angela D'Orazio erinnert sich gerne an den Moment, als im Jahr 2007 ihr Preludium 01 Whisky auf den Markt kam und die 4000 Flaschen in weniger als einer Stunde ausverkauft waren. Mittlerweile sind die schwedischen Whiskys international mehrfach ausgezeichnet worden, darunter als „European Whisky of the Year" und „European Spirits Producer of the Year". Mackmyra ist benannt nach dem Gründungsort in Schweden, aus dessen nächster Umgebung auch alle Zutaten inklusive Wasser, Torf und Hefe für die Produktion stammen. Die Fässer lagern in einer stillgelegten Mine in 50 Metern Tiefe. Abgefüllt wird meist direkt in Fassstärke. Der Erfolg von Mackmyra hat in Schwedens Spirituosen- und Barszene viel bewegt und mehrere Neugründungen weiterer Destillerien nach sich gezogen. Davon, dass es in Schweden keinen Whisky gibt, kann nun wirklich nicht mehr die Rede sein.

Die japanische Whiskyblüte

•

Das zarte Aufkeimen der japanischen Whiskyproduktion zu Beginn des 20. Jahrhunderts blieb auch im eigenen Land zunächst eher unbeachtet. Doch nach ein paar frühen Rückschlägen steht sie nun in voller Blüte.

Spätestens seit der berühmten Filmszene in *Lost in Translation,* in der Bill Murray einen Werbeclip für japanischen Whisky dreht, weiß die Welt, dass es ihn gibt: Whisky aus Japan. Was viele nicht wissen: Japan ist der drittgrößte Whiskyproduzent der Welt, nach Schottland und den USA und noch vor Irland.

Die Gründungsmythen der beiden ältesten japanischen Whiskyproduzenten ranken sich um zwei Männer: Masataka Taketsuru und Shinjiro Torii, die Väter des japanischen Whiskys.

Masataka Taketsuru wurde 1894 als Erbe einer Sake-Dynastie geboren und sollte nach dem Studium an der Technischen Universität in Osaka das Familienunternehmen modernisieren und weiterführen. Doch es kam anders. Denn während seines 1916 begonnenen Studiums der Chemie begeisterte sich der junge Taketsuru für Destillate aus dem Westen. Whisky hatte es ihm besonders angetan. Dieser wurde seit der Öffnung des isolierten Japans im Jahre 1854 zunächst aus den USA, später auch aus Schottland importiert und avancierte Anfang des 20. Jahrhunderts in den gut besuchten Hotelbars Tokios, Nagasakis und Osakas zum beliebten Drink. Das war der Moment, in dem japanische Unternehmen begannen, sich ernsthaft mit der Idee einer heimischen Whisky-Produktion auseinanderzusetzen. Settsu Shuzo, ein Spirituosen-Hersteller aus Osaka, packte die Dinge nach dem Ende des Ersten Weltkriegs an und schickte Masataka Taketsuru Ende 1918 direkt nach Glasgow, um die Geheimnisse der Whiskydestillation vor Ort zu erforschen und nach Japan mitzubringen. Doch auch hier kam es anders. Als Taketsuru 1920 nach Japan zurückkehrte, brachte er nicht nur sein in Schottland erworbenes Whisky-Know-how mit, sondern gegen den heftigen Widerstand beider Familien auch seine schottische Braut Jessie Roberta „Rita" Cowan. Settsu Shuzo hatte mittlerweile die Whiskypläne aufgrund der kriegsbedingten wirtschaftliche Rezession ad acta gelegt, der Taketsuru-Clan war durch die Hochzeit höchst verärgert und das frischgetraute Paar musste sich seinen Lebensunterhalt zunächst als Lehrer verdienen.

In der Zwischenzeit war der ebenfalls in Osaka geborene Shinjiro Torii nicht untätig. 1899 gründete der kaum Zwanzigjährige nach einer Lehrzeit als Spirituosen- und Weinhändler sein erstes Unternehmen Torii Shoten und versuchte sich in der Likörproduktion. Mit süßen Spirituosen traf er den japanischen Geschmack. Aus seiner kleinen Spirituosenproduktion schuf er innerhalb von 20 Jahren Kotobukiya Limited und verursachte 1923 mit der ersten erotischen Werbekampagne Japans einen höchst gewinnbringenden Skandal. Shinjiro Torii aber träumte von Japans erster WhiskyDestillerie. Entgegen den Wünschen und Ratschlägen seiner Investoren und Direktoren suchte er einen geeigneten Standort und einen Whiskyfachmann. Er fand beides. Den Standort Yamazaki in der Nähe einer reinen Quelle im Umland von Kyoto und den Fachmann Masataka Taketsuru.

So kam es, dass die beiden Väter des japanischen Whiskys 1924 ihre zehnjährige Zusammenarbeit begannen. Schon bald zeigte sich aber, dass beide äußerst unterschiedliche Vorstellungen vom Whisky hatten, der in Yamazaki produziert werden sollte. Der in Schottland geprägte Masataka Taketsuru brachte 1929 als Meisterdestillateur von Yamazaki nach langen fünf Jahren Wartezeit den ersten Whisky namens Shirofuda auf den Markt. Mit seinen schweren rauchigen Aromen war er den an liebliche Geschmäcker gewöhnten Japanern zu heftig. Sie mochten Shirofuda nicht. Shinjiro Torii mochte Shirofuda auch nicht, denn der Misserfolg gefährdete seine umfangreichen Investitionen. Er verlangte von Taketsuru einen gefälligeren Whisky. Und als dieser sich starrsinnig weigerte, seine schottischen Ideale aufzugeben, versetzte er ihn kurzerhand in eine der Brauereien von Kotobukiya Limited. 1934 endete der Zehn-Jahres-Vertrag zwischen Taketsuru und Kotobukiya Limited. Und während Shinjiro Torii schon an einem Blended Whisky nach seinen Vorstellungen arbeitete, machte sich der Destillateur, unterstützt von seiner Frau Rita, daran, seinen Traum vom schottischen Whisky aus Japan weiterzuleben.

Auf Japans nördlicher Insel Hokkaido fand er klimatische Bedingungen vor, die ihn an Schottland erinnerten. Hier gründete er 1934 sein eigenes Unternehmen Nippon Kaju K.K., aus dem später Nikka werden sollte. Es waren harte Zeiten für das Ehepaar

Shinjiro Torii kreierte mit seinem Unternehmen Suntory japanischen Whisky, der genau auf den Geschmack der Japaner abgestimmt war.

Taketsuru, bis 1940 der erste Nikka-Whisky in Flaschen abgefüllt werden konnte. Währenddessen hatte Shinjiro Torii 1937 seinen Suntory Kakubin in der legendären Schildkrötflasche auf den Markt gebracht und feierte seine ersten Erfolge.

Letztlich war ein Ereignis ausschlaggebend für den nachhaltigen Erfolg und die wirtschaftliche Stabilisierung beider Whiskyproduzenten, mit dem keiner rechnen konnte: Der Krieg. Die japanischen Soldaten tranken in den 1940er-Jahren so viel Whisky, dass Kotobukiya und Nikka vom japanischen Staat als kriegswichtige Industrieunternehmen eingestuft und bevorzugt beliefert wurden. Nach Kriegsende tranken die heimgekehrten Soldaten weiter ihren Whisky, das schottische Destillat fasste in Japan endgültig Fuß und erlebte in den 1960er und 70er-Jahren einen sagenhaften Boom, an dem beide Unternehmen ihren Anteil hatten. Mit dem Launch von Suntory Beer, der ersten von vielen erfolgreichen Expeditionen in weitere Märkte, änderte Kotobukiya im Jahr 1963 seinen Firmennamen endgültig in Suntory. Bis heute bestimmen Nikka und Suntory den japanischen Whiskymarkt und sind inzwischen zu Global Players geworden, denen auch US-amerikanische und schottische Whiskymarken gehören.

洋酒の寿屋
「人間」らしく
やりたいナ
トリスを飲んで
「人間」らしく
やりたいナ
「人間」なんだからナ
Torys
サントリー姉妹品
トリスウイスキー
●大瓶330円 ●ポケット瓶120円 ●デルクス500円

ON THE WAY

Destillerie · Chichibu Distillery
Sorte · Single Malt Whisky

Der japanische Chichibu Single Malt „On the Way" hat eine Bezeichnung, die zum Nachdenken anregt. Rührt sie vielleicht daher, dass der Whisky eine kleine Wanderung durch verschiedene Fässer durchläuft? Whiskyhersteller Ichiro Akuto lässt den 58-Prozentigen erst in zwei verschiedenen Bourbon-Eichenfässern der hauseigenen Sorte „The Floor Malted" reifen, bevor er in ein Mizunara-Fass eines 2008er-Whiskys umsiedelt und dort seine „Volljährigkeit" von fünf Jahren erreicht. Nordwestlich von Tokio in der wunderschönen Hügellandschaft rund um Chichibu hat Akuto mit der Herstellung von Single Malts das wiederaufgenommen, woran sein Großvater aus finanziellen Gründen scheiterte. Belohnt wird er mit zahlreichen Preisen bis hin zur kulthaften Verehrung seiner Whiskys.

Alkoholgehalt: 58,5 Vol.-%
Ort: Chichibu, Japan
Gründung: 2008

CHIBIDARU 2014

Destillerie · Chichibu Distillery
Sorte · Single Malt Whisky

Ichiro Akutos Vorfahren haben in der Region um Chichibu schon vor Hunderten Jahren Sake hergestellt. Der Umgang mit Alkoholischem liegt also im Blut des Japaners, er wagte sich allerdings in die höherprozentige Kategorie der Single Malt Whiskys. Seit 2008 produziert er erfolgreich in seiner kleinen Destillerie mit sieben Mitarbeitern das gefragte „Lebenswasser". Der Dreijährige „The Peated" aus dem Jahr 2013 ist limitiert auf 6700 Flaschen: ein dem Namen aller Ehre machender elegant-rauchiger Whisky mit Nuancen von Iburigakko – einem in Japan beliebten geräucherten und eingelegten Rettich –, der aber fruchtigen und süßen Noten Spielraum lässt.

Alkoholgehalt: 53,5 Vol.-%
Ort: Chichibu, Japan
Gründung: 2008

CHIBIDARU

Destillerie · Chichibu Distillery
Sorte · Single Malt Whisky

Seit Jim Murrays jüngster Adelung eines Yamazakis als bestem Whisky der Welt ist die Nachfrage nach japanischen Getreidedestillaten so hoch wie noch nie. Dies dürfte Ichiro Akuto in die Karten spielen, der seit Anfang 2008 in der von ihm errichteten Chichibu Destillery unermüdlich Whisky fabriziert. Der Gerstenbrand entstammt dabei einer kleindimensionalen Brennanlage und reift anschließend, ohne Kältefiltration in unterschiedlichsten Fassvariationen. Im Land der aufgehenden Sonne lassen sich Whiskys von Weltrang ausfindig machen. Das sollte nunmehr auch bis in den Westen vorgedrungen sein.

Alkoholgehalt: 53,5 Vol.-%
Ort: Chichibu, Japan
Gründung: 2008

Chichibu Distillery

Ichiro Akutos Geschichte ist gut. Und wie alle guten Geschichten handelt sie von Träumen und mutigen Taten, von Familie und Tradition, von Fehlschlägen und Erfolgen. Ein Ende hat die Geschichte eigentlich noch nicht, aber man kann sagen, sie hat einen glücklichen Verlauf genommen.

Seit über 300 Jahren produzierte die Familie Akuto in Chichibu traditionellen Sake. Im nahe gelegenen Hanyu gründete Ichiros Großvater 1941 eine weitere Destillerie, in der sein Sohn in den 1980er-Jahren mit der Herstellung von Whisky im schottischen Stil begann. Doch es war die Zeit der Highballs und der Blended Whiskys und Japan war noch nicht reif für Single Malts. So stand die Destillerie Hanyu im Jahr 2000 zum Verkauf. Und als Erbe des Familienunternehmens sah Ichiro Akuto schon seinen Traum von der florierenden Destillerie platzen. Als die Käufer jedoch das Hanyu-Whiskylager zum Verkauf anboten, griff er mithilfe von Investoren zu, kaufte 400 der Whiskyfässer und gründete sein eigenes Unternehmen namens Venture Whisky Ltd. Was folgte, hat unter Whiskyliebhabern und -sammlern einen wahren Rausch ausgelöst und den japanischen Whiskymarkt wahrscheinlich nachhaltig verändert.

Ichiro Akuto füllte den Whisky von Hanyu nach und nach ab und brachte ihn in limitierten, nach Spielkarten benannten Editionen auf den Markt. Zuletzt erschien mit „The Joker" ein Verschnitt von sechs Hanyu-Whiskys aus den Jahren 1985 bis 2000. Die „Card Collection" ist zur Legende geworden. Kaum waren die 400 Fässer Hanyu-Whisky aufgebraucht, legte Ichiro Akuto nach. Im Jahr 2007 gründete er die Destillerie Chichibu und füllte bereits 2009 seinen ersten Whisky namens „New Born" ab. Den ersten 5 Jahre alten Whisky taufte er auf den Namen „On the Way". Beide Destillate kamen bei Kennern und Kritikern gut an. Auf einmal ist auf dem traditionell von den zwei Giganten Suntory und Nikka beherrschten japanischen Whiskymarkt richtig was los. Ermutigt von Chichibus Erfolg und der internationalen Aufmerksamkeit werden in Japan neue handwerklich arbeitende Whisky-Destillerien gegründet. Und Ichiro Akuto selbst arbeitet weiter an der Fortsetzung seiner Geschichte.

TEELING WHISKEY IRISH WHISKEY

Destillerie · Teeling Whiskey Co.
Sorte · Blended Whiskey

Walter Teeling eröffnete 1782 die erste Destillerie der Familie Teeling. Damals war er einer von 37 Brennern in Dublin, die dem irischen Whiskey eine exzellente Reputation in der ganzen Welt bescherten. Die Zeiten wurden hart, absoluter Tiefpunkt war, als 1976 die letzte Dubliner Destillerie das Handtuch werfen musste. Stephen und Jack Teeling sind gerade im besten Alter und wagen einen Neuanfang: mit der Bürde großer Erwartung, aber einem reichen Erfahrungsschatz und Familienbeständen im Rücken. Gemeinsam mit Mikrobrenner Alex Chasko wollen sie die Tradition wiederbeleben und geschmacklich dezent aufmischen. Ihr Flagship-Produkt Small Batch ist ein Blended Whiskey, abschließend gereift in Rumfässern, mit süßen Gewürz- und Holznoten und starken 46 Prozent Alkoholgehalt.

Alkoholgehalt: 46 Vol.-%
Ort: Dublin, Irland
Gründung: 2012

SNAKE RIVER STAMPEDE

Destillerie · Indio Spirits
Sorte · Blended Whiskey

Snake River Stampede besteht aus einer qualitativ hochwertigen Mischung aus kanadischem Roggen, Mais und Gerste. Zunächst altert das Destillat bis zu acht Jahre lang in Bourbonfässern. Um den Geschmack zu verfeinern, lagert es danach noch zusätzliche sechs Monate in Sherryfässern. Obwohl der Name des Whiskeys von einem hundert Jahre alten Rodeo in Idaho entlehnt ist, wird er nahe Portland, Oregon abgefüllt. Einmal saßen die Präsidenten des Rodeos und der Destillerie auf einem Flug nebeneinander, dabei kamen sie auf die Idee, gemeinsam einen Whiskey herzustellen. Snake River Stampede duftet nach staubigem Roggen, nach Ingwer, weißem Pfeffer und dunklen Früchten.

Alkoholgehalt: 40 Vol.-%
Ort: Portland (OR), USA
Gründung: 2006

CONTENT – 5163

Neue Whiskydestillerien

•

Der Markt für handwerklich hergestellten Whisky boomt. Entsprechend werden stetig mehr Klein- und Kleinstbrennereien weltweit gegründet. Doch je nach Vorschriften des Herkunftslandes und dem Anspruch des Brenners gehen bis zum Verkauf des ersten Whiskys gut und gerne ein paar Jahre Lagerzeit ins Land. Diese Zeit wirtschaftlich zu überstehen ist eine Herausforderung für jede Start-up-Brennerei.

Viele der jungen Destillerien werden von whiskybegeisterten Quereinsteigern gestartet. Die erfolgreiche Gründungsgeschichte von Mackmyra aus Schweden zieht internationale Kreise. Oft sind es ganze Freundeskreise, die eines Abends bei einer Flasche Whisky beschließen, den ersten oder den besten Whisky ihres Heimatlandes zu brennen. „Das muss doch möglich sein!", lautet ihr Motto, und dann schreiten manche von ihnen auch schon mutig zur Tat. „Learning by doing" ist beim Aufbau dieser Unternehmen an der Tagesordnung. Jede Brennerei entwickelt dabei natürlich ihren individuellen Plan für die Überwindung der Zeit bis zur ersten Abfüllung. Die folgenden Strategien werden von Start-up-Brennereien weltweit erfolgreich genutzt:

Statt Whisky gibt es erstmal Gin. Während der frischgebrannte Whisky die vorgeschriebene oder angestrebte Lagerzeit über in Holzfässern heranreift, wird eine Spirituose produziert und verkauft, die nicht reifen muss. In Europa ist das meistens Gin, in den USA kann das auch Moonshine oder White Whiskey sein.

So hat die allererste Brauerei in der Geschichte der finnischen Hauptstadt Helsinki die lokalen Ressourcen genutzt und Gin mit finnischem Wacholder sowie Applejack aus einheimischen Apfelsorten gebrannt, solange ihr Whisky aus regionalem Roggen für drei Jahre in französischen Fässern lagerte.

Ihre „Nachbarbrennerei" Myken Destillerieri liegt nördlich des Polarkreises auf einer kleinen norwegischen Insel. Dort stehen in einer alten Fischfabrik seit kurzem drei handgefertigte Kupferkessel aus Spanien. Bis die fünf Ehepaare, die die Myken Destillerieri gegründet haben, von den Gewinnen leben können, die der Whisky abwirft, wird wohl noch einige Zeit vergehen. In der Zwischenzeit soll auch hier sehr nordischer Gin gebrannt werden. Geplant ist auch die Ergänzung der Brennerei durch ein Restaurant in der oberen Etage der Fischfabrik. Zielgruppe sind Touristen, Segler und natürlich Besucher der derzeit nördlichsten Brennerei Norwegens.

Auch eine gute Idee, um das lange Warten auf den eigenen Whisky zu überbrücken, ist der Einkauf und die Abfüllung eines anderen Whiskys. Hier ist die Transparenz für den Käufer entscheidend und natürlich eine gute Geschichte. Eine besonders gute hatte in Japan der Gründer der Chichibu Distillery: Ichiro Akuto kaufte Whiskyfässer aus der Insolvenzmasse des großväterlichen Betriebs auf und löste mit deren Abfüllung einen wahren Kult aus.

Eine weitere beliebte Einnahmequelle ist der Vorabverkauf der ersten limitierten Abfüllungen oder gleich ganzer Fässer. Die Milk & Honey Distillery aus Tel Aviv hat vor, die Destillationskunst in den Nahen Osten zurückzubringen und im Heiligen Land einen Premium-Whisky herzustellen. Im Jahr 2017 soll er in den Handel kommen. Über einen erfolgreichen Flaschenvorverkauf und eine Unterstützungskampagne via Crowdfunding hat das Gründungs-Team sein Startkapital ergänzt.

TLDC, The London Distillery Company, ist die erste Whisky-Brennerei Londons seit 1903. Die drei Gründer haben eine limitierte Edition kleiner ehemaliger Bourbonfässer abgefüllt, die jetzt schon erworben werden können, um die Vorfreude zu steigern und die Wartezeit zu verkürzen.

TWC
VINTAGE RESERVE
MALT

Kings County Distillery

David Haskell und Colin Spoelmann können von sich behaupten, die sowohl älteste als auch jüngste Whiskey-Destillerie der Stadt New York zu betreiben. Sie waren 2008 die Ersten, die für ihre Kings County Distillery eine Lizenz der New York State Liquor Authority erhielten. Und sind damit die wohl ersten legal operierenden Brenner New Yorks seit Ende der Prohibition.

Inzwischen lagern über 800 Fässer in dem alten Backsteinhaus, das die Kings County Distillery beherbergt. David und Colin stellen hier, auf dem Brooklyn Navy Yard – einem ehemaligen Werftgelände –, Moonshine, Bourbon sowie Chocolate Whiskey her – minimalistisch verpackt und in 375ml-Flaschen abgefüllt. Jeden Monat werden rund vierzig 20-Liter-Fässer und einige 50-Liter-Fässer produziert. Die größte Menge davon verbleibt allerdings zum Reifen an Ort und Stelle.

Begonnen hat alles 2007. David und Colin kannten sich vom Studium in Yale und orderten eines Tages online eine kleine Brennblase. Colin, der aus Kentucky stammt, hatte zuvor eine Gallone Moonshine von zu Hause mitgebracht, und die beiden wurden neugierig, ob sie auch selbst Whiskey herstellen könnten. „Die ersten Ergebnisse waren ziemlich mies", erinnert sich Colin. „Aber wir wollten dazulernen und beweisen, dass es möglich ist, spannenden und trinkbaren Moonshine herzustellen." Als die Ergebnisse besser wurden und Kings County sich einen Namen machte, beschlossen David und Colin, nicht mehr in ihrer Wohnung zu brennen und aus der Illegalität herauszutreten. Zum Glück hatten die Behörden gerade beschlossen, Lizenzen für kleine Destillerien wesentlich günstiger als zuvor herauszugeben. Und so wurden die beiden Freunde Geschäftspartner – und Pioniere unter den heute zahlreichen Kleinstbrennern in New York City.

KINGS
COUNTY
DISTILLERY
DSP-NY-15025
MAY 26, 2012
58.7%
159.4 lbs.
mm.
#300

STRANAHAN'S COLORADO WHISKEY

Destillerie · Stranahan's Colorado Whiskey
Sorte · American Malt Whiskey

Während der Feuerwehrmann Jess Graber noch den Brand der Scheune von George Stranahan bekämpfte, ergab sich ein Gespräch über deren gemeinsame Leidenschaft für Whiskey. Und trotz der brenzligen Situation war der Plan, die erste Mikro-Destillerie von Colorado aufzuziehen, keineswegs dem Affekt geschuldet. 2004 eröffnete Stranahan's Colorado Whiskey in Denver, die Zutaten Wasser und Gerste stammen von den Rocky Mountains. In kleinen ausgewählten Chargen von jeweils 10 bis 20 kombinierten Fässern füllen freiwillige Helfer alle drei Wochen 5000 Flaschen ab. Wer mithelfen möchte, kann sich auf der Website registrieren, entlohnt werden die fünf kurzweiligen Stunden angeblich mit einer Flasche Stranahan's. Man munkelt aber auch, dass es schon eine Warteliste von 20.000 Ehrenamtlichen gibt.

Alkoholgehalt: 47 Vol.-%
Ort: Nashville (TN), USA
Gründung: 2004

KINGS COUNTY BOURBON WHISKEY

Destillerie · Kings County Distillery
Sorte · Bourbon Whiskey

Als kleinste gewerbliche Destillerie des Landes begann 2010 die Kings County Distillery, Whiskey in fünf 24-Liter-Destilliertöpfen aus Stahl zu produzieren – damals noch im New Yorker Stadtteil East Williamsburg. Innerhalb von zwei Jahren ist sie in den historischen Navy Yard umgezogen, wo jetzt riesige schottische Destillierapparate kupfern glänzen. Hier entsteht 45-prozentiger Bourbon aus New Yorker Biomais und britischem Gerstenmalz, der in ausgekohlten amerikanischen Eichenfässern reift. Sein Geschmack zeichnet sich durch ein reiches Maisaroma aus, gefolgt von Vanille- und Karamellsüße und herbstlichen Gewürzen. Auch schon mit 12 Monaten Reifezeit ein vollwertiger, gestandener Whiskey, den Eric Asimov von der *New York Times* zu den Top Ten der Bourbons zählt.

Alkoholgehalt: 45 Vol.-%
Ort: New York (NY), USA
Gründung: 2010

Klare Geister

•

Während Getreidebrände, wie der Name schon sagt, aus Getreide, meistens Weizen, Gerste oder Roggen, hergestellt werden, ist bei der Destillation von Wodka in den meisten Ländern keine Grundzutat vorgeschrieben. Als im 19. Jahrhundert vor allem in Polen und der Ukraine erntebedingt Kartoffelüberschüsse anfielen, begann man die beliebte Spirituose dort eben auch aus Kartoffeln zu destillieren. Im Unterschied zum Korn wird Wodka sehr stark filtriert, denn die Neutralität des Geschmacks gilt bei ihm als das entscheidende Qualitätsmerkmal.

POTOCKI WODKA

Destillerie · Potocki Spirits
Sorte · Getreide Wodka

In einer Spirituosenkategorie, die sich gerne darüber definiert, wie häufig der jeweilige Alkohol destilliert worden sei, weiß ein Produkt, das nur zweifach gebrannt wurde, angenehm hervorzustechen. Wenn der Erzeuger dann auch noch auf geschmacksreduzierende Filtrationsmaßnahmen verzichtet, dann hat man es mit einer echten polnischen Familienrezeptur zu tun. So wie diesen Roggen-Wodka haben die Potockis von 1816 bis 1944 ihren Alkohol gebrannt. Er hat mit jenem industriell gefertigten Alkohol, der sonst so in Wodka-Kreisen kursiert, nur wenig am Hut.

Alkoholgehalt: 40 Vol.-%
Ort: Region Wielkopolska, Polen
Gründung: 1816

KOZUBA STARKUS

Destillerie · Z. Kozuba i Synowie
Sorte · Getreide Wodka

Starkus bringt der Storch, das wollen uns die drei polnischen Kozuba-Brüder weismachen. In Wahrheit stellen die Jungs den fassgereiften Roggenwodka aber selbst her – weit draußen auf dem Land und in kleinen Chargen. Verwendet wird Roggen aus der unmittelbaren Umgebung, der nach Mälzung und Fermentation in der Kupferblase destilliert wird. Seinen bernsteinfarbenen Ton und den Starka-Zustand erhält er erst durch die Lagerung in den amerikanischen Weißeiche-Fässern, die vorher zur Reifung des Rye Whiskys verwendet wurden. Warum der Storch eine Rolle spielt? Brachte er früher tatsächlich ein Baby, dann musste der Hausherr einen Selbstgebrannten in einem Barrique vergraben – das bei der Hochzeit des Kindes angestochen wurde.

Alkoholgehalt: 40 Vol.-%
Ort: Jabłonka, Polen
Gründung: 2005

Potocki Wodka

Beim Klang des Namens Potocki schwillt den Polen die Brust. Die weitverzweigte polnische Adelsfamilie hat unzählige Staatsmänner, Schriftsteller und Großindustrielle hervorgebracht und sogar ein Archipel im Gelben Meer, welches nach Jan Potocki benannt war. Und auch eine Frau ist unter den illustren Namensträgern: Delfina Potocka kann sich rühmen, Muse des großen Komponisten Frédéric Chopin gewesen zu sein. Dass nun ein Wodka aus dem Hause Potocki von sich reden macht, liegt einfach im Blut.

Nach einer fast 60-jährigen Zwangspause – die Kommunisten hatten 1944 Schloss Łancut mitsamt der Wodka-Destillerie aus dem 18. Jahrhundert verstaatlicht – hat Jan-Roman Potocki die Tradition wieder aufleben lassen. Für seinen Wodka verwendet der Mittvierziger Roggen, den er um seinen Betrieb herum anbaut. Wenn im August Erntezeit ist, wird das frische Getreide unter Zugabe von Hefe zügig zu Maische verarbeitet. Ab da wird es bedächtig: Zwei langsame Destillationsprozesse treiben den Alkoholgehalt auf 96 Prozent hoch, der schließlich mit Wasser auf trinkbare 40 Prozent abgelöscht wird. Die übliche Kohlefiltrierung wird bei Potocki bewusst übersprungen, um den charakteristischen Geschmack des Wodkas beizubehalten. Guter Wodka sollte eine halbe Minute lang den Gaumen unterhalten können, heißt es bei Potocki. Weich und beinahe süß klingt er an, eröffnet die roggentypisch nussigen Aromen und breitet sich abschließend wärmend in der Herzgegend aus. Zu milde, sagen die Russen. In China, den USA und Westeuropa gehört der Potocki zum Inventar der gehobenen Bars und Restaurants.

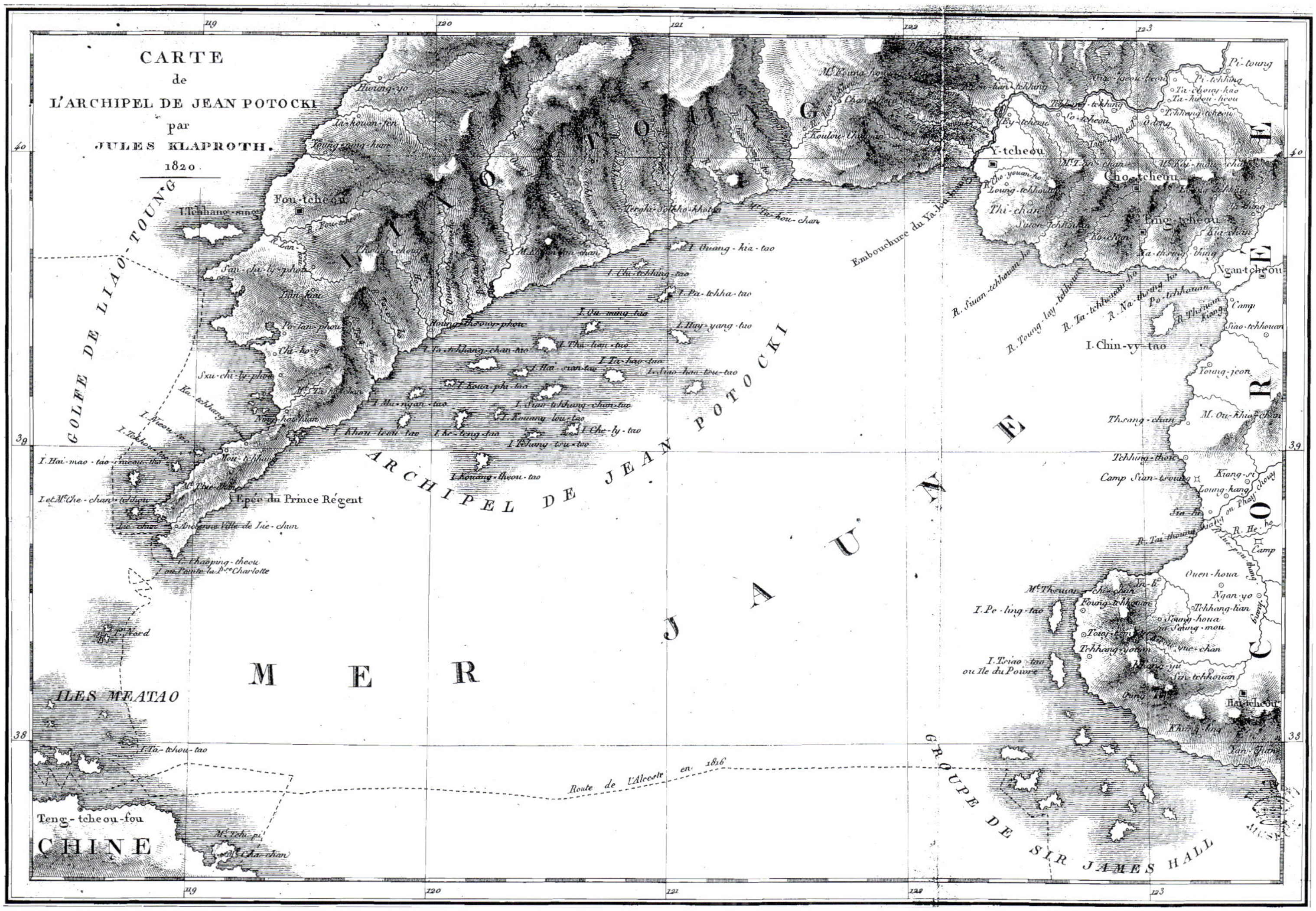

IRONWORKS VODKA

Destillerie · Ironworks Distillery
Sorte · Apfel Wodka

Die Ironworks Distillery vereint zwei wirtschaftliche Traditionen aus Nova Scotia (Neuschottland) – den Schiffsbau und die Wodkaproduktion nahe den Apfelplantagen im Annapolis Valley. Die Destillerie befindet sich in einer ehemaligen Werft von 1893, in der die alte kohlebefeuerte Schmiede durch eine deutsche Kupferbrennblase ersetzt wurde. Die Äpfel werden von Hand in einem Topf zu Apfelsaft zerstampft und mit deutscher Weißweinhefe über acht Wochen fermentiert. 17 Stunden nach der zweifachen Destillation wird das Endprodukt mit Wasser vermischt, wobei ein sanfter Apfel- und Karamellgeschmack zurückbleibt.

Alkoholgehalt: 40 Vol.-%
Ort: Lunenburg (NS), Kanada
Gründung: 2009

INDIGENOUS FRESH PRESSED APPLE VODKA

Destillerie · Tuthilltown Spirits
Sorte · Apfel Wodka

Ralph Erenzo wollte ursprünglich vor den Toren von New York einen Klettergarten eröffnen. Als dieser Plan an einem lokalen Veto gescheitert war, gründete er kurzerhand zusammen mit Brian Lee eine eigene Whiskey-Destillerie, die erste in New York seit der Prohibition. Das Hudson-Tal erfreut sich eines großen Reichtums an landwirtschaftlichen Erzeugnissen und liefert dabei mehr als nur Getreide. Da wären beispielsweise die Äpfel vom Bauern nebenan. Nach einer sanften Pressung und Fermentation erfolgt die Destillation in einer mit zwanzig Platten ausgestatteten Kupferanlage, welche die Fruchtigkeit von bis zu 80 Äpfeln in eine einzelne Flasche zu bringen vermag.

Alkoholgehalt: 40 Vol.-%
Ort: Gardiner (MT), USA
Gründung: 2003

OCEAN ORGANIC VODKA

Destillerie · The Ocean Vodka Organic Farm and Distillery
Sorte · Zuckerrohr Wodka

Im ersten Moment vermittelt die kugelige kristallblaue Flasche den Eindruck, ein Duftwässerchen in Händen zu halten. Und man zögert, den Korken herauszuziehen, um dem stechend-intensiven Bouquet eines Davidoff'schen Parfums zu entgehen. Dabei steckt drinnen purer Bio-Wodka aus Maui, den sogar schon die Hawaiian Airlines für ihre Passagiere ausschenken. Familie Smith hat einfach das verwendet, was die prächtige hawaiianische Insel zu bieten hat: biologisch angebautes Zuckerrohr und Tiefseewasser. Das wird vor der Kona Coast aus fast 1000 Metern Tiefe hochgepumpt, wo das eiskalte und mit natürlichen Mineralien versehene Wasser entsalzt und gefiltert wird. Das Zuckerrohr wächst auf vulkanischem Boden rund um die Destillerie, ist frei von Pestiziden und wird von Hand geerntet.

Alkoholgehalt: 40 Vol.-%
Ort: Maui (HI), USA
Gründung: 2005

BLENDED POTATO VODKA

Destillerie · Vestal
Sorte · Kartoffel Wodka

Echtes Understatement pflegt der Blended Potato Vodka der polnischen Destillerie Vestal: Gedacht ist er als Basis für Cocktails und Mixgetränke, die Wodka enthalten. Was nicht bedeutet, dass er sich verstecken müsste. Destilliert wird er aus den Kartoffelsorten Innovator, der roten Asterix und Russet-Burbanks, die in einem frühen Reifezustand geerntet werden, damit das volle Aroma genutzt werden kann. Im Gründungsjahr 2010 musste Besitzer William Borrell, der seinen Hauptwohnsitz inzwischen in London hat, zunächst mit Probeflaschen im Gepäck alle möglichen Bars abklappern – und wurde schlagartig ein glücklicher Unternehmer, als ihm der Anti-Discounter Waitrose auf einen Streich 3500 Flaschen abnahm. Für den Blended Potato Vodka empfiehlt er übrigens die Gesellschaft eines Vermouth Dry und einer grünen Olive.

Alkoholgehalt: 40 Vol.-%
Ort: Kartuzy, Polen
Gründung: 2010

CORBIN SWEET POTATO VODKA

Destillerie · Sweet Potato Spirits
Sorte · Kartoffel Wodka

Es ist noch nicht so lange her, dass ein Süßkartoffelgericht – zumindest in Europa – Exotencharakter hatte. Mittlerweile essen sogar Babys ganz selbstverständlich ihre erste Beikost in Form von Süßkartoffelbrei. Und schätzen dabei ganz besonders die cremig-süße Konsistenz, die sogar bei der Destillation erhalten bleibt – wie der Corbin Vodka beweist. Dessen Erfinder John Souza baut im Tal des San Joaquin River im sonnenbeschienenen Kalifornien schon in der vierten Generation dieses gefällige Gemüse an. 2007 erweiterte er die Farm durch seine Destillerie Sweet Potato Spirits, aus der jetzt unablässig der butterweiche, karamellige Wodka plätschert. „Eine Geschmackserfahrung, die eher an Wein als an Wodka denken lässt", heißt es dort. Die San Francisco Spirit Competition hat dafür gleich doppeltes Gold vergeben.

Alkoholgehalt: 40 Vol.-%
Ort: Atwater (CA), USA
Gründung: 2007

Knollen in Flaschen

•

Bei Kartoffeln ist es wie bei uns Menschen – manche sind zu Höherem geboren: Die schlummernden Potenziale seiner königlichen Erdapfelsorten erahnte der englische Bauer William Chase schon viele Jahre lang. Dass er mit dem Chase Vodka allerdings gleich Preise gewinnen würde, das hat selbst ihn überrascht.

Alles fing an mit Lady Claire und King Edward. Und Lady Rosetta. Das sind die klangvollen Namen einheimischer Kartoffelsorten, die der Landwirt William Chase jahrein, jahraus auf seinen Äckern im britischen Herefordshire ein- und ausbuddelte. Eine mühsame Arbeit und im britischen Klima eine undankbare dazu: Die schwankenden Ernten und schwindenden Margen wegen der harten Preispolitik bei den abnehmenden Supermärkten sind nicht eben motivierend.

Als der Kartoffelbauer nach einer durchwachsenen Ernte zusehen musste, wie seine Knollen nicht in den Gemüseregalen der Supermärkte, sondern in einer Chipsfabrik landeten, hatte er genug. Und gleichzeitig eine zündende Idee. Er würde seine Kartoffeln nicht nur selbst anbauen, sondern auch selbst weiterverarbeiten.

Als Kartoffelchips! Das war 2001. Noch im selben Jahr gründete William Chase im heimischen Herefordshire die Manufaktur Tyrrells English Chips und vermarktete Lady Claire, Kind Edward und Lady Rosetta von da an als sorgfältig handgeröstete Chips in durchdesignten Verpackungen. Der Zeitpunkt war perfekt. Gelangweilt von industriellen Produkten mit gleichgeschaltetem Geschmack, begeisterten sich Chipsliebhaber sofort für die andersartig gewürzten und knusprig frittierten Kartoffelscheiben aus seiner Manufaktur. Auch die Message traf den Zeitgeist: Handgefertigte regionale Produkte mit einer guten Geschichte eroberten die Gaumen und Herzen der Konsumenten vor allem in Europa und den USA.

Die folgenden Jahre waren aufregend für William Chase. Vom britischen Kartoffelbauern zum weltweit erfolgreichen Unternehmer hatte er es gebracht. Sein Arbeitsplatz war nicht mehr auf dem Acker, sondern am Schreibtisch, im Flugzeug, auf Messen und bei seinen vielen Kunden. Doch etwas nagte an ihm. Es gab immer noch Teile der Ernte, die aufgrund ihrer Größe und natürlichen Verwachsungen nicht für die Chips-Produktion geeignet waren. Was tun mit den kleinen und knorpeligen Lady Claires, King

Edwards und Lady Rosettas? Beim Besuch einer Kartoffelfarm mit angeschlossener Destillerie in den USA hatte Chase die nächste zündende Idee. Kartoffeln zu Wodka!

Der Zeitpunkt war wieder perfekt. Insgeheim schon etwas gelangweilt von den Management-Aufgaben seines neuen Chips-Imperiums, stürzte er sich in die Herausforderungen der Gründung einer eigenen Destillerie. Er nahm das Beste der vielen Kaufangebote für Tyrrells an und wurde über Nacht um einiges reicher. Nach langen Recherchen kaufte er eine der höchsten Rektifikationskolonnen der Welt, durchbrach dafür das Dach seiner Scheune und begann mit der Wodkaproduktion. Stolz taufte er den einzigen britischen Wodka, der gänzlich aus Kartoffeln hergestellt wird, auf den Namen Chase Vodka. Das war 2008. 2010 erhielt Chase Vodka den Preis für den besten Wodka bei der San Francisco World Spirits Competition.

William Chase war gleichzeitig stolz und ernüchtert. Sein Wodka rangierte nach kürzester Zeit unter den besten der Welt. Die Kritiker waren voll des Lobes. Buttrig und weich sei der Wodka aus den Knollen mit den klangvollen Namen. Der frisch gekürte Preisträger exportierte sein Destillat in alle Welt. Auch die Message war nun doppelt gut: Selbst mit einem so unscheinbaren Ausgangsmaterial wie selbst angebauten Kartoffeln konnte ein britischer Bauer handgefertigte Produkte herstellen, die Verbraucher und Kritiker komplett überzeugen. Und das gleich zweimal hintereinander!

Doch wieder nagte etwas an ihm. Aus 16 Tonnen Kartoffeln wurden gerade mal 1000 Liter Chase Vodka. Das sind mindestens 135 Knollen Kartoffeln in einer Flasche Wodka. Die Qualität war hervorragend, die Marge nicht so sehr. Damit konnte er zwar eigentlich leben, aber trotzdem experimentierte er mit heimischen Apfelsorten aus seinem 200 Jahre alten Obstbaumgarten. Die haben den Vorteil, dass man sie nicht jährlich anbauen muss, und sind ertragreicher. Außerdem sind die heimischen Cidre-Apfelsorten etwas in Vergessenheit geraten. Mittlerweile sind sie die Basis für den William Chase Elegant Gin und den Naked Chase Apple Vodka.

CHASE ORIGINAL VODKA

Destillerie · Chase Distillery
Sorte · Kartoffel Wodka

King Edward und Lady Claire sind die beiden Kartoffelsorten, die dem Original Vodka als Grundlage dienen. Angebaut wird das royale Gewächs direkt um die Farm in Herefordshire herum, die auch die Chase Distillery birgt. William Chase, der 20 Jahre lang Kartoffeln anbaute, ahnte schon immer deren geheimes Potenzial, das sich erst in Gourmetchips (Tyrrells) entfaltete und kurz darauf auch zu flüssiger Hochform auflief. Zwei Jahre nach der Eröffnung seiner Destillerie, gewann sein Original Vodka 2010 bei der San Francsisco Spirit Competition Gold. Hergestellt wird er, wie es urtümlicher nicht sein könnte. Und wie der 40-Prozentige schmeckt? Pur und weich, cremig mit natürlicher Süße. Absolut als krampffreier Shot geeignet.

Alkoholgehalt: 40 Vol.-%
Ort: Herefordshire, Großbritannien
Gründung: 2008

POMORZE UNFILTERED POTATO VODKA

Destillerie · Vestal
Sorte · Kartoffel Wodka

Eigentlich weiß man es ja selbst: Eine falsch gewählte, zu mehlige Sorte kann einem den kompletten Kartoffelsalat verhageln. Dass verschiedene Knollen aber auch ganz eigene Aromen entwickeln und jeweils einen bestimmten klimatischen Standort brauchen, das macht sich William Borrell für seine polnischen Wodkas zunutze. Pomorze Unfiltered Vodka ist aus der rotschaligen Sorte Asterix hergestellt, die er in Ostseenähe anbaut. Ein einziges Mal destilliert, behält der Wodka sein volles Aroma und entwickelt Blaubeer- und Lakritznoten. Borrell möchte mit seinen Wodkakreationen die regionaltypischen Charaktereigenschaften wieder aufleben lassen und wettert gegen multidestillierte und -gefilterte Industriewodkas ohne Seele. Ihr authentischer Geschmack hat den Vestal Vodkas schon einen festen Platz in den Ritz-Bars gesichert.

Alkoholgehalt: 40 Vol.-%
Ort: Kartuzy, Polen
Gründung: 2010

Mikkeller Brewery

Vom Bier zum Brand: Manch gutes Bier wird als guter Brand wiedergeboren. Die Destillate von Mikkeller beweisen, wie eng verwandt Bierbrände und Whisky sind. Die Grundzutaten Malz, Hefe und Wasser schaffen die engen geschmacklichen Bande beider Spirituosen. Beim Bierbrand kann noch der Hopfen prägend sein, während der Whisky mindestens drei Jahre im Holzfass lagern muss.

Der Kopenhagener Gypsy Brewer Mikkeller braut seine Biere in angemieteten Brauereien in Europa und den USA. Die extrem abenteuerlustigen Craft-Biere von Mikkeller gibt es meistens nur in vergleichsweise kleinen oder winzigen Mengen. Zudem sind sie oft nur in bestimmten Ländern oder zu besonderen Gelegenheiten erhältlich. Dafür begeistert Mikkeller seine Fans auf der ganzen Welt mit einem unglaublich großen Sortiment ständig wechselnder Geschmacksrichtungen. Mikkel Borg Bjergsø war bis 2006 Lehrer für Mathematik und Physik, der als Hobby in seiner Küche in Kopenhagen mit Hopfen, Hefe und Malz experimentierte. Heute exportiert er seine Biere in über 40 Länder.

Auch für die Herstellung seiner Spirituosen mietet sich Mikkeller in fremde Destillerien ein, wie beispielsweise die mehrfach ausgezeichnete Kopenhagener Destillerie Braunstein. Dort entstehen nach Mikkellers Vorstellungen experimentierfreudige Destillate, deren Rezepturen den Bierbrauer in ihm verraten. Wodka und Gin hopft Mikkeller mit amerikanischen Hopfensorten, die den Bränden ihr feines Zitrusaroma geben. Den Bierbränden aus Stout verleiht eine kurze Lagerung im Holzfass Aroma, Geschmack und Farbe. Für jede Charge wird eigens ein anderes Sherry-, Rum- oder Bourbonfass ausgesucht. Das hat auch die Jury bei der San Francisco World Spirits Competition überzeugt, die die Bierbrände gleich mehrfach ausgezeichnet hat.

MIKKELLER BREWERY BOURBON CASK BLACK

Destillerie · Braunstein Distillery
Sorte · Bierbrand

Als Basis für diese Spirituose wird eines der beliebtesten Biere von Mikkeller herangezogen: das Mikkeller Black, ein Imperial Stout mit satten 17,5 Vol.-%. Nach der Destillation gelangt das frische Bierdestillat in Fässer: in diesem Fall in solche, die einst Bourbon-Whisky beinhaltet haben. Nach einer kurzen Lagerung zeigt sich das Destillat bereits durch die für Bourbon typischen Vanille- und Karamelltöne abgemildert. Den Machern ist es in jedem Fall wichtig, dass die Fassaromen nicht die Oberhand gewinnen und das Bierdestillat geschmacklich noch klar erkennbar bleibt. Denn es wird viele Bierliebhaber geben, die das Getränk ihrer Wahl auch in destillierter Form genießen möchten.

Alkoholgehalt: 43 Vol.-%
Ort: Kopenhagen, Dänemark
Gründung: 2012

MIKKELLER BREWERY OLOROSO CASK BLACK

Destillerie · Braunstein Distillery
Sorte · Bierbrand

Die Biere von Mikkeller haben einen Bekanntheitsgrad erreicht, der weit über das sonst so beschauliche Kopenhagen hinausreicht. Begründet wurde die Marke von einem ehemaligen Mathematik- und Physiklehrer, der seine Leidenschaft im Bierbrauen entdeckt hat und dies erfolgreich zu vermarkten wusste. Mikkeller führt in der Zwischenzeit nicht nur Bars und Verkaufsräume für handwerkliche Biere in Kopenhagen, sondern auch in Stockholm, San Francisco und Bangkok. Da war es nur folgerichtig, eine eigene Bierspirituose anzubieten. Angefangen hat alles mit dem Oloroso Cask Black, der auf einem 17,5 Vol.-% starken Imperial Stout basiert und in der Braunstein-Destillerie an der dänischen Ostseeküste gebrannt wird.

Alkoholgehalt: 43 Vol.-%
Ort: Kopenhagen, Dänemark
Gründung: 2012

KIUCHI NO SHIZUKU

Destillerie · Kiuchi Brewery
Sorte · Bierbrand

Sake, Shochu, Whisky. Alles Alkohol aus Japan. Allzu häufig wird in diesem Zusammenhang aber das Bier vergessen. Denn davon wird dort immer mehr produziert, wie etwa in der Kiuchi Brewery, die sich seit dem Jahr 2003 auch in der Produktion von Hochprozentigem versteht. Selbstgebrautes Weißbier wird zunächst auf 30 Vol.-% destilliert und reift über einen Monat zusammen mit Hopfen, Koriander und Orangenschalen in Eichenholz. Im Anschluss wird dieser Flüssigkeit frisches Weizenbier zugegeben und das Gemisch wird in einer zweiten Destillation auf 50 Vol.-% gebracht. Weitere sechs Eichenholzmonate später ist der Kiuchi No Shizuku geschmacklich am besten mit einem holländischen Genever zu vergleichen.

Alkoholgehalt: 43 Vol.-%
Ort: Kounosu, Japan
Gründung: 2003

ALLGÄUER BIERBRAND

**Destillerie ·
Brennerei-Kelterei Salzgeber
Sorte · Bierbrand**

1553 wurde in Bayern das Bierbrauen während der heißen Sommermonate verboten, weil die Hitze den Geschmack des Bieres versauerte. Aus diesem Grund braute man im Frühling das haltbare Märzenbier, das man als Vorrat für die Sommermonate lagerte und ab dem 19. Jahrhundert auch auf dem Oktoberfest ausschenkte. Salzgebers Bierbrand basiert auf diesem traditionellen bayerischen Bier. Durch die Destillation und die monatelange Lagerung in leicht getoasteten Kastanienholzfässern kommen der sanfte Malzgeschmack und das bittere Hopfenaroma besser zur Geltung. Die Spuren von Vanille und Rauch machen den Allgäuer Bierbrand zu einer echten Alternative für Whiskykenner.

**Alkoholgehalt: 42 Vol.-%
Ort: Babenhausen, Deutschland
Gründung: 1985**

STICKUM PLUS

**Destillerie · Stickum Distillerie
Sorte · Bierbrand**

Urig ist es hier, keine Frage. Der Name des Brauereigasthofes von 1862 hat mit Gemütlichkeit aber gar nichts zu tun: Sein erster Brauherr bekam von der Düsseldorfer Stammkundschaft wegen seiner knurrigen Art den Beinamen „der Uerige" – der schlecht Gelaunte – verpasst. Eine abschreckende Wirkung hat sich bis heute nicht eingestellt. Im Gegenteil: 2007 wurde das Gebäude um die Destillerie Stickum erweitert, die zwei der Altbiersorten zu Bierbrand weiterverarbeitet. Die Basis des Stickum Plus mit 45 Prozent ist das Starkbier Doppel-Sticke, konzipiert für den amerikanischen Markt. 250 Liter des Bieres schrumpfen auf 14 Liter des Hochprozentigen, der mindestens ein Jahr im Eichenfass reift. Das Ergebnis ist ein ausgeprägt fruchtiger Bierbrand mit Honig- und Malzaromen.

**Alkoholgehalt: 45 Vol.-%
Ort: Düsseldorf, Deutschland
Gründung: 2007**

NAMIHANA

Destillerie · Hawaiian Shochu Company
Sorte · Shochu

Die Lehre könne er sich abschminken, war die Reaktion auf Ken Hiratas erste Anfrage beim Shochu-Meister Toshihiro Manzen. Hirata hatte zu dem Zeitpunkt seine Karriere in der Finanzwelt weit vorangetrieben und war für die 15 Jahre dauernde Ausbildung einfach zu alt. Aber sein Plan, auf Hawaii eine Shochu-Destillerie aufzuziehen, stimmte den strengen Lehrer schließlich um. Und so wurde der 40-Jährige in drei intensiven Lehrjahren in die traditionellen Techniken eingewiesen. Mit auf den Weg nach Hawaii gab Manzen seinem Schüler einen 100 Jahre alten Fermentationsbottich, in dem sich jetzt die verschiedenen Sorten lokal angebauter Süßkartoffeln in schönstes Violett zersetzen. Im hölzernen Kidaru destilliert und sechs Monate gereift, entsteht daraus ein ungefilterter, sehr geschmeidiger Namihana, von dem Hirata jährlich nur etwa 6000 Flaschen abfüllt.

Alkoholgehalt: 30 Vol.-%
Ort: Haleiwa (HI), USA
Gründung: 2013

OIMATSU BENI-IMO

Destillerie · Oimatsu Shuzo Co.
Sorte · Shochu

Oimatsu Shuzo existiert als Sakekellerei schon seit über 200 Jahren und ist bis in das neue Jahrtausend in der Gründerfamilie verblieben. Vor 40 Jahren erweiterte sie ihr Repertoire um das Traditionsgetränk Shochu, ein Destillat, dem Getreide, Süßkartoffeln oder Reis als Grundlage dienen. Den Durchbruch mit Shochu erfuhr Oimatsu Shuzo mit dem fünf Jahre fassgereiften Kojiyadenbei. In Hati, dem Herstellungsort im Westen Japans, ist der Shochu Tagosaku besonders beliebt, dem weiße Hefepilze ein ganz spezielles Bouquet verleihen. Der 25-prozentige Shochu Beni-Imo aus roten Süßkartoffeln ist ein Kennerdrink mit einem blumig-süßen Aroma und Noten von gerösteter Kastanie und Pilzen. Vor allem die jungen Japaner trinken Shochu inzwischen lieber als Sake: pur, auf Eis oder auch aufgefüllt mit heißem Wasser.

Alkoholgehalt: 25 Vol.-%
Ort: Hita, Japan
Gründung: 1789

VINN BAIJIU

Destillerie · Vinn Distillery
Sorte · Brand

Wer in China Geschäfte macht, entgeht dem Baijiu nur unter hochgezogenen Augenbrauen der Gastgeber. Der „weiße Likör", wie er übersetzt heißt, ist üblicherweise ein ziemlich harter Tropfen, dem alle möglichen Wunderwirkungen nachgesagt werden. Das Rezept der Familie Ly ist schon einige Generationen alt und wurde über die Jahre von China über Vietnam bis ins heutige Oregon mitgenommen. In ihrer Destillerie produzieren die fünf Geschwister, die wirklich alle Vinn mit zweitem Namen heißen, in Portland Whisky, Wodka, Mijiu und Baijiu aus Reis, mit dem Nebeneffekt, dass sie frei von Gluten sind. Der eher milde 40-prozentige Baijiu erinnert an White Whiskey mit Sakenoten, lässt sich traditionell pur – wenn gewollt, auch angewärmt – trinken, oder er belebt einen Cocktail.

Alkoholgehalt: 40 Vol.-%
Ort: Portland, USA
Gründung: 2009

GLENDALOUGH PREMIUM POITÍN

Destillerie · Glendalough Distillery
Sorte · Poitín

Fünf irische Freunde aus Wicklow und Dublin, denen allesamt der Vollbart wirklich steht, fühlten sich dem Erbe Irlands verpflichtet. Poitin, den fast in Vergessenheit geratenen Vorläufer des Whiskeys, brachten sie 2013 auf den Markt. Drei Ausführungen des Gerstenschnapses mit 1500-jähriger Geschichte bietet das Sortiment der Jungdestateure: Ihrem Premium Poitin liegt ein altes Rezept zugrunde. Verwendet werden feinste Zuckerrüben und Gerstenmalz. Sherry Cask Poitin erhält seine Bernsteinfarbe und die tiefen Holznuancen durch sein Finish im Sherryfass. Mountain Strength Poitin mit 60 % Alkohol gibt Cocktails einen Extrakick. Die Glendalough Distillers mögen ihren Poitin am liebsten pur auf Eis, empfehlen aber auch die Mischung mit Soda, Limonade, Cola (Pot & Coke) – oder die äußere Anwendung bei Wehwehchen jeglicher Art.

Alkoholgehalt: 40 Vol.-%
Ort: Wilsonville (OR), USA
Gründung: 2009

KOZUBA WHITE DOG

Destillerie · Z. Kozuba i Synowie
Sorte · Rye White Dog

Dass der erste Whisky, den die drei polnischen Kozuba-Brüder herstellten, diamantklar war, könnte ein Täuschungsmanöver gewesen sein. Vielleicht hätte ihn sonst keiner der wodkaaffinen Polen überhaupt angerührt. Zumal die familieneigene Destillerie auf dem konservativ geprägten Land etwa 150 Kilometer nördlich von Warschau liegt. Seit 2005 stellt das Trio Spirituosen aus den Zutaten der ländlichen Umgebung her. Der White Dog wird in kleinem Stil aus bestem Roggen destilliert und reift nur einen Monat lang im Stahltank. An dieser Stelle würde ein echter Whisky einmal tief durchatmen, bevor er sich für ein paar Jahre im Eichenfass breitmachte. Doch trotz dieses „Zwischenzustandes" ist der White Dog ein vollkommener Drink, der mit seinem Honig-, Schokoladen- und Raucharoma sicher auch die Polen glücklich macht.

Alkoholgehalt: 40 Vol.-%
Ort: Jabłonka, Polen
Gründung: 2005

THE WHITE RYE

Destillerie ·
Dillon's Small Batch Distillers
Sorte · Rhy Whisky

Gelegen an der Niagara-Weinstraße, gleich gegenüber Toronto am Lake Ontario, hat sich die kleine Destillerie der Dillons angesiedelt. Hier ist sie umgeben von den Zutaten, die für ihre Wodkas, Whiskys, Fruchtdestillate und Kräuterbitter gebraucht werden. Die regionale Herkunft ist für Geoff Dillon oberstes Gebot. Nach dem Biologie- und Wirtschaftsstudium hat er sich das Destillieren in Eigenregie beigebracht. Diese Leidenschaft kam nicht von ungefähr: Die Begeisterung seines Vaters, eines Chemikers und Zoologen, für die Brennerei hatte ansteckende Wirkung. Jetzt unterstützt er seinen Sohn als Kräuterexperte. The White Rye aus Ontario-Roggen ist nur eines der Prestigeprodukte der Small-Batch-Destillateure: Für einen unverfälschten Getreidegeschmack wird auf eine Reifung im Holzfass komplett verzichtet.

Alkoholgehalt: 40 Vol.-%
Ort: Beamsville (ON), Kanada
Gründung: 2012

STEINREICH

Destillerie · Brennerei Sellendorf
Sorte · Korn

Der für den Norden Deutschlands typische, aus gegorenem Getreide destillierte Korn wurde um 1500 zum ersten Mal in Nordhausen (einer von zwei freien Reichsstädten in Thüringen) registriert. Ende des 19. Jahrhunderts konnte sich Deutschland dann 8000 landwirtschaftlicher Getreide-Destillerien rühmen, wobei der heutige Markt überwiegend von kommerziellen Massenprodukten beherrscht wird. Steinreich ist da eine echte Ausnahme. Meisterbrenner Günter Krause überwacht die Destillation des biologisch angebauten Weizens peinlich genau, um aus dem gewöhnlichen Schnaps etwas Besonderes zu machen. Sein hochprozentiger Korn besticht durch einen milden, klar-brennenden Geschmack mit einer würzigen Getreidenote.

Alkoholgehalt: 42 Vol.-%
Ort: Steinreich, Deutschland
Gründung: 1780

EHRINGHAUSEN DINKELKORN HOLZFASSGELAGERT

Destillerie · Brennerei Ehringhausen
Sorte · Korn

Seit 1962 leistet die Familie Ehringhausen, deren Hof auf eine lange Tradition von mehr als 700 Jahren zurückblickt, Pionierarbeit in der nachhaltigen Herstellung von Spirituosen aus biologisch angebautem Getreide. Den traditionellen norddeutschen Korn, der normalerweise aus Roggen oder Weizen hergestellt wird, brennen sie aus Dinkel und Gerste. Er wird in einer kleinen Kupferbrennblase destilliert und reift in Bourbonfässern, um den malzigen Geschmack zu erzeugen. Das Holz der Fässer bringt Noten von Vanille und getrockneten Früchten hervor. Der Dinkelkorn wird am besten gekühlt als Aperitif oder Digestif serviert.

Alkoholgehalt: 32 Vol.-%
Ort: Werne, Deutschland
Gründung: 1962

ABK6 Cognac
75

Pisco
76

Macchu Pisco
82

Trauben und Traditionen

•

In allen Weinanbaugebieten der Welt entsteht aus den Trauben neben Wein auch Hochprozentiges. Entweder direkt aus dem Saft oder aus dem Trester, den übrigen festen Bestandteilen nach dem Pressen der Trauben, hergestellt, sind viele der frischen oder fassgelagerten Brände, wie zum Beispiel der Cognac, weltberühmt. Andere wie der Pisco warten noch darauf, ihren globalen Siegeszug anzutreten.

BRANDY SOLERA GRAN RESERVA SINGLE CASK ORO

Destillerie · Bodegas Rey Fernando de Castilla
Sorte · Weinbrand

Wie muss man sich als Brennmeister freuen, wenn sich die ersten Spinnweben über die gerade eingelagerten Eichenfässer ziehen. In den alten Gewölben der Bodegas Rey Fernando de Castilla lässt man den Achtbeinern alle Zeit der Welt: Ein paar Jahrzehnte können die Brandys und Sherrys der 1837 gegründeten Destillerie in Jerez de la Frontera schon ruhen – an hohen, verhangenen Fenstern, die immer ein kühles Lüftchen von Westen hereinlassen. Der Brandy Solera Gran Reserva Single Cask Oro besitzt nach 15 Jahren Aufenthalt in Oloroso-Fässern eine Mahagoni-Färbung und einen cleanen, aber komplexen Geschmack mit Tabak-, Holz-, Nuss- und Feigenaroma. Empfohlen wird er zu Zigarre und Schokolade.

Alkoholgehalt: 40,6 Vol.-%
Ort: Jerez de la Frontera
Gründung: 1837

BIO ATTITUDE COGNAC

Destillerie · Léopold Gourmel
Sorte · Cognac

Auf Pierre Voisin muss der eigene Großvater mächtigen Eindruck gemacht haben. Denn dessen Namen wählte er für seine Cognacfirma Léopold Gourmel aus – und musste den Mitbegründer Olivier Blanc 1972 auch davon überzeugen. Letzterer ist heute alleiniger Inhaber, Léopold Gourmels Name ist aber eine Institution für Cognac geblieben. Kenner blättern für eine Flasche schon mal 1000 Euro hin. In den vergangenen Jahren hat Blanc seine Weinberge auf biologischen Anbau umgestellt und hat sich das durch Ecocert zertifizieren lassen. Sein Wein gedeiht in der idealen Lage „Premier Cru" südlich der Stadt Cognac. Der Bio Attitude von Gourmel ist ein neuer Typ Cognac, der mit Mandarine- und frischen Walnussnoten frühlingshaft schmeckt.

Alkoholgehalt: 42 Vol.-%
Ort: Genté, Frankreich
Gründung: 1972

ABK6 COGNAC

Destillerie · Domaines Francis Abecassis
Sorte · Cognac

ABK6 ist eine der drei Cognac-Sorten des Franzosen Francis Abécassis. Eingeführt wurde die Linie 2006, um der jüngeren Generation zu beweisen, dass Cognac auch außerhalb von Herrenclubs funktioniert. Der ungewöhnliche Name ABK6 entstammt der SMS-Konversation mit Tochter Elodie – eine Abkürzung des Nachnamens der Familie, und ziemlich lässig. Bei der Produktion der Cognacs allerdings ist jede Nonchalance verflogen, hier herrscht unbeugsame Professionalität: Die Trauben aus der Cognacregion werden nach dem traditionellen Charentais-Verfahren destilliert. Christian Guerin, der Kellermeister, hat das richtige Händchen, die verschiedenen Cognacs der Domaine zu mischen – dabei kann er auf uralte Bestände zurückgreifen. Der VSOP Grand Cru mit 40 Vol.-% wurde gerade vom World Drink Award zum World's Best Cognac gekürt.

Alkoholgehalt: 40 Vol.-%
Ort: Claix, Frankreich
Gründung: 2005

ABK6 Cognac

Es klingt ganz simpel, hat aber offenbar einen durchschlagenden Effekt: Als einziger französischer Cognacproduzent verwenden die Domaines Francis Abécassis ausschließlich Trauben, die auf eigenem Grund und Boden herangewachsen sind. Das hat den Vorteil, dass der Anbau und die Ernte des Weines unter hauseigener Regie stattfinden und die Wege besonders kurz sind. Von der Lese bis zum Pressen der Trauben vergehen nicht mehr als dreißig bis vierzig Minuten, was eine ungewollte frühzeitige Oxidation verhindert. Auch der spezifische Geschmack des Weines, geprägt durch die sonnige Lage der Domaine de Chez Maillard im Herzen der Charente, der nach zweimaliger Destillation in Limousin-Eichenfässern zu Cognac heranreift, bleibt auf diese Weise konstanter als bei den „Assemblagen", wie die gängigen Kompositionen aus unterschiedlichen Ausgangsweinen genannt werden.

Sogar 10, 20 oder 30 Jahre später kann dieses besondere Aroma von Kennern der Domaines noch herausgeschmeckt werden. Apropos: Das Alter spielt bei Cognac bekanntermaßen eine entscheidende Rolle. Bis zu 70 Jahre lagert der Weinbrand – bei ständiger Wertsteigerung, versteht sich. Trotzdem setzt man im Hause Abécassis auch auf die Jugend, und nicht nur das: Wird das Cognac-Business bis heute von Männern dominiert, steht hier eine Frau an der Spitze. Noch dazu eine, die man mit ihren 29 Jahren in diesem Umfeld als „frühreif" bezeichnen könnte: Francis Abécassis' Tochter Elodie ist in die Fußstapfen ihres Vaters getreten und leitet das Familienunternehmen nun mit ihm gemeinsam. Und es ist nicht zuletzt ihr Verdienst, dass der ABK6, der neben dem Le Réviseur und dem Leyrat eine der drei Hausmarken darstellt, bei jungen Cognacfreunden besonders gut ankommt.

Pisco

•

Pisco tritt gerade aus seinem unverdienten Schattendasein und erfreut sich seiner neuen internationalen Beliebtheit. Während Peru und Chile beide die Ehre für sich beanspruchen, Heimat des klaren Traubenbranntweins zu sein, erobert Pisco in einem internationalen Siegeszug die Herzen von Bartenden und Barflys gleichermaßen.

Goldgräber in San Francisco hatten es nicht leicht. Im Goldrausch von 1848 fanden die allerwenigsten Gold, dafür gab es in der Stadt Prügeleien, Krankheiten, Flöhe und andere schlechte Gesellschaft. Wer einen wirklichen Rausch erleben wollte, griff der Einfachheit halber zum Alkohol und trank den in der Goldgräberstadt beliebten Pisco. Pisco ist eine Spirituose aus Traubenmost. Sie wurde im 16. Jahrhundert im Vizekönigreich Peru der damaligen Kolonialmacht Spanien erfunden. Auch die Spanier waren an der Westküste Südamerikas auf der Suche nach Gold und kamen mit dem Segen und in Begleitung der katholischen Kirche, in deren Ritualen Wein eine nicht unwichtige Rolle einnimmt. Entsprechend schnell baute man in geeigneten Gebieten der neuen Kolonien Trauben an. Besonders in der Gegend von Ica im heutigen Peru gediehen die Trauben sehr gut und der hier bald in größeren Mengen produzierte Wein schmeckte nicht nur der Kirche, sondern auch dem spanischen Mutterland. So gut gedieh und so gut schmeckte der

Wein aus dem Vizekönigreich, dass der spanische König Philipp II. die heimische Produktion in Gefahr sah und kurzerhand Anfang des 17. Jahrhunderts ein Importverbot erließ.

Im Vizekönigreich musste nun etwas mit dem überschüssigen Wein passieren. Was lag da näher als die Produktion eines Weinbrands? Aus viel Flüssigkeit mit geringem Alkoholgehalt entsteht durch Destillation weniger Flüssigkeit mit höherem Alkoholgehalt. Der klare Weinbrand wurde in Tongefäße abgefüllt und über die Hafenstadt Pisco verschickt. Der Einfachheit halber wurde er bald auch nach ihr benannt.

Der Weinanbau und die Produktion der beliebten Spirituose weiteten sich rasch über das Gebiet des ganzen Vizekönigreichs aus, das unter anderem die heutigen Staaten Peru und Chile umfasste. Doch politische und geologische Turbulenzen meinten es nicht gut mit der Pisco-Produktion. Der Zerfall des Vizekönigreiches verursachte einen Krieg zwischen den nach Unabhängigkeit und größeren Landesgebieten strebenden Nationen Peru und Chile. In weiten Gebieten kam der Weinanbau zum Erliegen. Erdbeben und Vulkanausbrüche verwüsteten Weinberge und Weinkeller, vor allem im südlichen Peru. Der Beliebtheit des Piscos taten die Produktionsengpässe aber schlussendlich keinen Abbruch.

Wie aber kam der Pisco damals im Goldgräberrausch nach San Francisco? Pisco war schlicht die einzige in großen Mengen schnell verfügbare Spirituose. Eine Stadt, deren Einwohnerzahl sich innerhalb eines Jahres von 1000 auf 25.000 vervielfältigt, braucht schnell viele Vorräte. Wenn die Einwohner sich aus meist männlichen Abenteurern aus aller Welt zusammensetzen, ist Alkohol ein gutes Geschäft. Vor dem Bau des Panamakanals und der Eisenbahn war die Stadt im Westen der USA auf Versorgung über den Pazifik angewiesen. Die Einfuhr von Pisco aus Peru und Chile war da eine naheliegende Lösung.

Beide Staaten reklamieren Pisco übrigens bis heute als Nationalgetränk für sich und haben im Laufe der Zeit viele Gesetze

erlassen, um Pisco zu schützen und seine Produktion zu regulieren. Peru behauptet, Pisco sei eine geschützte Herkunftsbezeichnung, ähnlich wie bei Champagner, sodass wahrer Pisco nur aus Peru stammen könne. Chile erkennt zwar an, dass Pisco auf dem Gebiet des heutigen Perus entstanden ist, behauptet aber, dass Pisco, ähnlich wie Wodka, ein generischer Begriff für die Spirituose sei, sodass diese auch in Chile produziert werden dürfe. Der Streit erstreckt sich auch auf die Erfindung des Pisco Sour, einen Drink, dessen Erfindung beide Staaten ebenfalls für sich beanspruchen.

Trotz der lautstarken Rivalität beider Nationen war Pisco außerhalb Südamerikas bis vor Kurzem eher unbekannt. Zwar

dichtete der Schriftsteller Rudyard Kipling im Jahr 1889, Pisco sei komponiert aus den Spänen von Engelsflügeln und der Herrlichkeit eines tropischen Sonnenuntergangs. Dennoch waren es eher Tequila, Mezcal und Cachaça, die sich auf der ganzen Welt einen Platz in den Flaschenregalen der Bars eroberten, während Pisco einen Dornröschenschlaf schlummerte. Dann kamen der Craft-Cocktail-Trend und die Rückbesinnung auf traditionelle Rezepturen, in deren Zuge viele Bartender im vergangenen Jahrzehnt historische Cocktails wie den Pisco Punch aus der Vergangenheit in die Gegenwart holten. Ihnen ist es zu verdanken, dass heute Pisco als einer der interessantesten Anwärter für einen neuen globalen Spirituosentrend gilt.

AQAR
PISCO

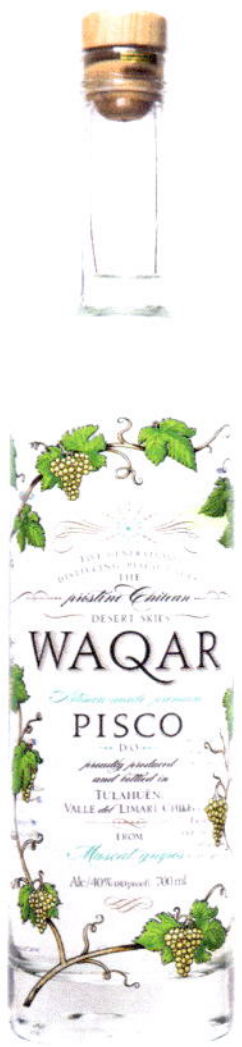

PISCO WAQAR

Destillerie · Pisquera Tulahuén
Sorte · Pisco

Eintausend Meter über dem Meeresspiegel auf den Bergen über der Atacamawüste liegt Tulahuén. Dort gedeihen Muskateller-Weinreben, die von frischem Quellwasser getränkt werden, das aus den Gletschern der Anden herabfließt. Die dicken, rosigen, süßen Trauben, die für den Pisco verwendet werden, sind handgepflückt. Pisco Waqar verkörpert heute eine Tradition, die seit fünf Generationen in der Familie Camposano weitergegeben wurde. Der Meisterbrenner überwacht die graduelle Verdampfung des Weins in einem Kupferkessel auf einem Lehmofen. Ohne Destillation, Filterung oder Holzaromen wird die Seele des Weins bewahrt. Das Ergebnis ist ein reiner, junger Alkohol mit einem sauberen und frischen, fruchtig-blumigen Aroma.

Alkoholgehalt: 40 Vol.-%
Ort: Tulahuén, Chile
Gründung: 1850

PISCO BARSOL

Destillerie · Bodega San Isidro
Sorte · Pisco

In den Quechua-Sprachen des Andenraums bedeutet das Wort Pisco Vogel. Neben der Hafenstadt bezeichnet es auch den Branntwein, der in dieser Gegend seit mehr als 400 Jahren produziert wird. Die historische Destillerie Bodega San Isidro stellt ihren hochwertigen Pisco Barsol nach strengen Regeln her: Quebranta-, Italia- und Toronteltrauben werden ohne Zusatz von Wasser und ohne zusätzliche Holzfasslagerung in Kupferbrennblasen aus dem 19. Jahrhundert destilliert. Da der Pisco nur einmal destilliert werden kann, importiert die Destillerie modernste Technologien wie italienische Traubenabbeermaschinen oder pneumatische Pressen, um so perfekte Bedingungen für die reinsten Spirituosen zu garantieren.

Alkoholgehalt: 41,3 Vol.-%
Ort: Ica, Peru
Gründung: 2004

MACCHU PISCO

Destillerie · Macchu Pisco S.A.C.
Sorte · Pisco

Macchu Pisco ist ein familiengeführtes Unternehmen. Dessen Chefin, Melanie da Trindade-Asher, kann sogar in dieser Branche umsetzen, was sie an der Harvard Business School gelernt hat, obwohl die Herstellungsweise ihrer drei Piscosorten teilweise archaisch ist. Die Trauben werden zum Beispiel noch mit den nackten Füßen gestampft. Und da pro Liter Pisco 6 bis 15 Kilo Früchte zerquetscht werden müssen, wird auch außerhalb der Familie akquiriert. Für den klassischen Macchu Pisco verwendet Asher die unaromatischen Quebranta-Trauben, deren reiner Saft ohne Trester fermentiert und destilliert wird, bevor er bis zu einem Jahr reifen kann. Ideal geeignet für Pisco Sour.

Alkoholgehalt: 40 Vol.-%
Ort: Ica, Peru
Gründung: 2003

Macchu Pisco

Melanie Asher, eine junge US-Amerikanerin mit peruanischen Wurzeln und Harvard-Abschluss, produziert zusammen mit ihrer Schwester Elizabeth Pisco in Ica, Peru. Die preisgekrönten Destillate der Schwestern haben seit dem Start ihres Unternehmens 2005 wesentlich zum Pisco-Boom in den USA beigetragen. Der Gründungsmythos beginnt noch etwas früher. Während eines Aufenthalts bei ihrer Familie in Peru hat die noch jugendliche Melanie den einen oder anderen Pisco Sour getrunken und sich gefragt, warum in den USA Tequila und Cachaça bekannt sind, aber keiner weiß, was Pisco ist. Die Frage ließ sie in den folgenden Jahren nicht mehr los, bis sie für ihre Abschlussarbeit bei der Harvard Business School, eine Studie über die erfolgreiche Gründung einer Pisco-Destillerie, einen Preis bekam. Da nahm sie ihren Mut zusammen, bat ihre Familie um finanzielle Unterstützung, überredete ihre Schwester dazu, nach Abschluss der Harvard Law School mitzumachen und gründete Macchu Pisco. Mittlerweile werden in Ica, der Hauptregion der Pisco-Produktion, unter der Aufsicht der jungen Destillateurin drei Piscos hergestellt: Der klassische Macchu Pisco aus der Quebranta-Traube; der blumigere La Diablada aus einer Mischung aromatischer Trauben und der limitierte Ñusta, ein Mosto Verde aus halbfermentierten Trauben, abgefüllt in exklusive Keramikflaschen.

Die Aufgaben im Unternehmen teilen sich die beiden Schwestern. Während Melanie in Peru, assistiert von ihrer 97-jährigen Großmutter, als Meisterdestillateurin die Produktion überwacht, reist Elizabeth als Markenbotschafterin um die Welt und kümmert sich um das Marketing und den Export. Um jeden Bereich ihres Unternehmens kümmern sich die beiden Schwestern persönlich und decken alle Arbeitsschritte „from ground to glass" selbst ab. Dabei engagieren sie sich für faire Arbeitsbedingungen in Peru und für die berufliche Förderung von Latinas in Peru und den USA. Bislang zahlt sich ihr Engagement für hochwertigen und fair produzierten Pisco mit einem jährlichen 30-prozentigen Wachstum aus.

POLI CLEOPATRA MOSCATO ORO

Destillerie · Poli Distillerie
Sorte · Grappa

Die Distille spielt eine entscheidende Rolle bei der Herstellung des Grappa Cleopatra Moscato Oro: Sie verfügt über ein Wasserbad unter Vakuum – einzigartig in Italien –, das den Siedepunkt herabsetzt und so ein viel intensiveres Grappa-Aroma möglich macht. Jacopo Poli, der die alteingesessene familiengeführte Destillerie leitet, ist ein verrückter Kerl – woraus er keinen Hehl macht: „Wenn ich den Raum der Destillierkolben betrete, würde ich am liebsten strammstehen und dann mit militärischem Gruß an den Kesseln vorbeischreiten." Seine Ehrfurcht vor den Apparaturen sichert allerdings auch das außergewöhnliche Ergebnis der Grappas. Gewonnen wird der Moscato Oro aus dem frischen Trester der Traubensorten Moscato Fior d'Arancio und Moscato Bianco, die ihm nach kurzer Lagerung im Eichenfass Frucht- und Honignoten verleihen.

Alkoholgehalt: 40 Vol.-%
Ort: Schiavon, Italien
Gründung: 1898

BOSCO MONTE VECCHIO GRAPPA

Destillerie · Catskill Distilling Company
Sorte · Grappa

Bethel im Bundesstaat New York ist vor allem als Austragungsort des Woodstock-Festivals ein Begriff. Neuerdings könnte die Catskill Distilling Company dieser ersten Assoziation den Rang ablaufen, denn sie ist wortwörtlich in aller Munde, in Form von Whiskey, Wodka und Grappa. Eigentlich hatte sich der aus Connecticut stammende Monte Sachs in Pisa seinem Veterinärstudium widmen wollen, die größere Faszination übte aber die Destillierkunst des Grappa auf ihn aus, in die ihn ein alter italienischer Landarbeiter einwies. Und da war es um Monte geschehen: Zurück in New York, eröffnete er 2009 mit seiner Frau Stacy eine Mikro-Brennerei mit Saloon. Seinem Bosco Monte Vecchio Grappa aus Rieslingtrauben sieht man das frische Wasser der Catskill Mountains geradezu an. Geschmacklich erinnert der 42-Prozentige an Rosen, Birnen und erdige Kräuter.

Alkoholgehalt: 42 Vol.-%
Ort: Bethel (NY), USA
Gründung: 2009

GRAPPA DI GRECO

Destillerie · Distilleria F.lli Caffo
Sorte · Grappa

Giuseppe Caffo, 1865 geboren, destillierte für sein Leben gern. Seinen Traum von der eigenen Destillerie in der Stadt Santa Venerina am Osthang des Ätna erfüllte er sich schließlich im Alter von 50 Jahren. Schnell machte er sich einen Namen, weil er zum Experten für die akkurate Umsetzung alter Rezepturen wurde. Dreimal ist seitdem das Zepter vom Vater an den Sohn übergeben worden. Inzwischen ist die Gruppo Caffo zu einem weitverzweigten Unternehmen gewachsen, das neben mehreren Destillerien auf ein Repertoire von 2000 Rezepten blicken kann. Eines davon ist eine Hommage an die Magna Graecia, die vorchristliche Kolonisierung Siziliens durch die Griechen: deren damals eingeführte Traubensorte Greco Bianco bildet die Grundlage des Grappa di Greco – süß-aromatische 42 Prozent griechisch-italienischer Freundschaft.

Alkoholgehalt: 42 Vol.-%
Ort: Limbadi, Italien
Gründung: 1915

RANSOM GEWÜRZTRAMINER GRAPPA

Destillerie · Ransom Spirits
Sorte · Grappa

Tad Seestedt warf 1997 in Oregon alle Ersparnisse in die Waagschale, um sich mit Ransom Spirits seinen Traum vom Destillieren zu erfüllen. Nach einem Start mit Bränden, Schnaps und Grappa kamen 2007 auch Whisky, Gin und Wodka dazu. Ransom Spirits verwendet nur in Oregon angebaute Trauben der Rebsorte Gewürztraminer für diesen fruchtigen, geschmacksintensiven Grappa. Sie werden nur sehr leicht gepresst, damit der Trester die traubentypischen Aromen behält. Dieser wird daraufhin mit Wasser gemischt, fermentiert, gepresst und destilliert. So wird nur das beste vom Besten abgefüllt in Flaschen abgefüllt. Das Ergebnis ist ein hocharomatischer Grappa mit einem intensiven Duft und einem weichen Mundgefühl.

Alkoholgehalt: 40 Vol.-%
Ort: Sheridan (OR), USA
Gründung: 1997

DERRIÈRE LES MURS MARC DE CHAMPAGNE XO

Destillerie · Champagne Moutard
Sorte · Marc de Champagne

Käme jemand auf die Idee, gleich vor Ort in Buxeuil eine leergetrunkene Flasche in den Fluss zu werfen, dann würde sie früher oder später einen der 12 Rundbögen des Pont Neuf in Paris durchschwimmen. Der Flakon dieses Tresterbrandes von Moutard wäre als Flaschenpost ein echter Hingucker und sollte schon ein selbstgemachtes Gedicht enthalten. Die in der Champagne ansässige Destillerie existiert gemessen an der 400-jährigen Winzertradition der Familie Moutard noch gar nicht so lange. Hyacinthe Diligent entwickelte gegen Ende des 19. Jahrhunderts die ersten Destillate, die den Ruhm des Familienbetriebs begründeten. Seine Rezepturen dienen den Cousins Edouard und Alexandre auch heute noch als Grundlage, zum Beispiel für den zehn Jahre fassgereiften, hocharomatischen Marc de Champagne XO.

Alkoholgehalt: 40 Vol.-%
Ort: Buxeuil, Frankreich
Gründung: 1642

VIEUX MARC DE CHAMPAGNE

Destillerie · Champagne Moutard
Sorte · Marc de Champagne

Die Moutards sind alte Hasen im Bereich der Winzerei, ihre Namen werden schon seit 1642 in den Kellereibüchern von Buxeuil erwähnt. So konnten sie sich einen Platz im „Heiligtum" Champagne sichern. Die Lehmanteile der ansonsten sehr kalkhaltigen Bodenbeschaffenheit lassen echte Kenner einen Moutard unter vielen anderen herausschmecken. Auch die sonnige, Südlage der Côte des Bar hat sicher ihren Anteil am besonderen Aroma. Man kann aber auch als Mensch mit nicht ganz so feinem Geschmacksinn die Qualität der Schaumweine, Liköre und gefüllten Schokoladen dieser Region genießen: Der aus Champagnertraubenmost destillierte Vieux Marc de Champagne hat fünf Jahre lang im Fass geruht und eignet sich als delikater hochprozentiger Digestif.

Alkoholgehalt: 40 Vol.-%
Ort: Buxeuil, Frankreich
Gründung: 1642

Vom Zweig in die Flasche

•

Das Einfangen der duftigen Aromen von Obst, Beeren oder Nüssen mittels Mazeration oder Destillation ist in vielen Ländern eine lange und gut gepflegte Tradition. Einige Zeit als „Opa-Schnäpse" etwas aus der Mode gekommen, sind hochwertige Brände und Liköre aus Steinobst, Kernobst, Beeren und Nüssen wieder ins Rampenlicht gerückt, wie es ihnen gebührt.

BRAND

Stählemühle

Die Region rund um den Bodensee hat eine lange Tradition in Sachen Obstanbau und Obstbrand. Dennoch war es ein Zugezogener, der vor gut zehn Jahren in punkto Qualität, Experimentierfreude und auch im Marketing seiner Erzeugnisse eine frische Note einbrachte. Christoph Keller hatte zuvor als Kunstbuchverleger in Frankfurt am Main gelebt, doch auf der Suche nach mehr Ruhe, Natur und einer Herausforderung in der Landwirtschaft zog es ihn an den Bodensee, wo er ein Mühlenanwesen namens Stählemühle kaufte. Das Gebäude kam mit einem alten Abfindungsbrennrecht daher, das es zu nutzen galt – und das Christoph Keller dazu brachte, sich die hohe Kunst des Schnapsbrennens anzueignen.

Innerhalb kürzester Zeit sorgte der Quereinsteiger für Aufsehen: Seine limitierten Brände aus Wildobst, alten Streuobstsorten und sortenreinen Kräutern waren schnell gefragt, inzwischen sind sie sogar oft bereits vor der Abfüllung ausverkauft. Keller gilt heute als einer des besten Schnapsbrenner weltweit, seine Destillate finden sich in den feinsten Hotels und Bars nicht nur Deutschlands wieder.

Dies alles geschieht im Kleinstbetrieb, den der wissbegierige und stets sorgfältig agierende Brenner gemeinsam mit seiner Frau Christiane stemmt – und mit der Hilfe weniger Nachbarn aus der Umgebung. Hilfe, die besonders dann nötig ist, wenn in der Stählemühle der „Monkey 47 Schwarzwald Dry Gin" hergestellt wird, für den Keller als Meisterdestillateur verantwortlich zeichnet und den er gemeinsam mit Alexander Stein entwickelt und bekannt gemacht hat. Man kann sagen: Die Bodensee-Region, in der Handwerk und das „Schaffen" immer eine große Rolle gespielt haben, ist um einen begnadeten Handwerker reicher geworden.

NR. 239 SIZILIANISCHE BLUTORANGE „MORO"

Destillerie · Stählemühle
Sorte · Obstbrand

Regelmäßige Temperaturunterschiede mit erheblichen Nachfrösten in einem durchweg trockenen Klima – das braucht die Blutorange, um ihr feines Bitterbukett entfalten zu können. Für diesen Edelbrand der Stählemühle kommen nur sizilianische Blutorangen infrage, die direkt an den Hängen des Ätna kultiviert werden. Deren bitter-bekömmliches Aroma wird von den Sizilianern als „moro" bezeichnet. Die Verarbeitung muss schonend erfolgen, wobei der Destillateur Christoph Keller auf eine Warmmazeration, gefolgt von einer genau abzustimmenden Destillation, setzt, die einen dichten, hocharomatischen Blutorangenbrand ins Glas bringt.

Alkoholgehalt: 42 Vol.-%
Ort: Eigeltingen, Deutschland
Gründung: 2004

HIEBL WALDBROMBEER-BRAND 2013

Destillerie · Destillerie Hiebl
Sorte · Obstbrand

Damit in seinen Edelbränden eine perfekte Harmonie von Farbe, Duft und Geschmack entsteht, legt Georg Hiebl einen besonderen Wert auf sorgfältiges Hantieren mit den Geschenken der Natur. Seit 1997 werden in seinem Familienbetrieb Edelbrände und Liköre höchster Qualität produziert. Da in seiner Heimat, dem Mostviertel in Niederösterreich, zahlreiche Obstsorten gedeihen, bezieht er die Rohstoffe vorwiegend aus dieser Region. Die besonders geschmacksintensiven Waldbrombeeren verleihen diesem Brand eine wuchtige, reife Brombeeraromatik. Der Brand ist kräftig, intensiv duftend in der Nase und schmeckt frisch und angenehm würzig am Gaumen.

Alkoholgehalt: 40 Vol.-%
Ort: Haag, Österreich
Gründung: 1997

VOGELBEERBRAND

Destillerie · Capovilla Distillati
Sorte · Obstbrand

Mittlerweile sind die einst tiefschwarzen buschigen Augenbrauen von Vittorio Capovelli von elegantem Weiß. Die Bäume seiner vier Hektar großen Anbaufläche bei Bassano del Grappa erklimmt er aber schwungvoll wie Mitte der 1980er-Jahre, als er seine zweite Karriere als Obstbrenner startete. Seltene, aufwendig zu verarbeitende Früchte wie wilde Pflaume, wilde Kirsche oder Schlehe destilliert er zu etwa 50 verschiedenen Sorten von glasklarem Brand. „Obst, das es in keinem Supermarkt zu kaufen gibt", so Vittorio, der sich von der geringen Ausbeute nicht abschrecken lässt: Beim Vogelbeerbrand ergeben etwa drei Prozent der handselektierten Ernte am Ende das Destillat, einen 41-prozentigen Brand mit charakteristischem Bittermandelton und grasigen Aromen.

Alkoholgehalt: 41 Vol.-%
Ort: Rosà, Italien
Gründung: 1986

Capovilla Distillati

Es gibt zwei Arten, den „Capo", den Chef also, kennen zu lernen. Entweder man probiert die nach ihm benannten Destillate – oder man trifft ihn persönlich. Vittorio „Gianni" Capovilla, alias der „Capo", ist ein venezianischer Brennmeister, der ungewöhnlich viel Liebe in die Herstellung seiner hochprozentigen Alkoholika steckt. Und so ist es gut möglich, dass man ihn auf einer Leiter vorfindet – gerade im Begriff, die Früchte von einem seiner Obstbäume zu kosten.

Vier Hektar eines Garten-Eden-ähnlichen Geländes bewirtschaftet der Brenner mit den buschigen weißen Augenbrauen. Angefangen hat er 1974 mit den Früchten seiner Kindheit – Holunder, Wildpflaume, Kornelkirsche –, die er zu seinen Fruchtbränden verarbeitete. Bald kamen andere Sorten hinzu. „Zum Glück habe ich Freunde gefunden, die Lust haben, am Wochenende mit mir wilde Birnen und Schlehen zu ernten", meint der Capo schmunzelnd. Doch mit dem Handverlesen der biologisch angebauten Früchte ist es nicht getan. Auch auf das fachgerechte Zerkleinern und Brennen der verschiedenen Sorten legt man hier, eine knappe Autostunde nordöstlich von Vicenza, allergrößten Wert. Eigens vom Hausherrn angefertigte Maschinen sind dafür im Einsatz. Handarbeit kommt dann wieder beim Etikettieren und Versiegeln der Flaschen an Ort und Stelle zum Einsatz.

Nicht nur im heimischen Italien ist der Capo aktiv; eine jüngere Leidenschaft ist das Brennen von Rum, das er gemeinsam mit seinem Freund Luca Gargano auf der Karibikinsel Marie-Galante betreibt. Das dortige Mikroklima bringt ein besonders gehaltvolles Zuckerrohr hervor, das legendäre Canne rouge B47.259, das die Grundlage des in alten französischen Weinfässern gereiften und zweifach destillierten „Rhum Rhum" ist.

KOHLER HEUMÄDER QUITTE

Destillerie · Destillerie Kohler
Sorte · Obstbrand

Bevor die Quitte sich auf den langen Weg in die Flasche macht, durchläuft sie eine Art Treatment. Das Stuttgarter Destillierteam Eberhard Kohler und Lars Erdmann weiß, was Quitten zum Äußersten ihrer Aromaentwicklung treibt: „frostige Nächte". Sind die vollreifen Früchte aus der direkten Umgebung und der Schwäbischen Alb im Herbst geerntet, wird ihnen der samtige Flaum von Hand abgerieben, um den bitteren Beigeschmack zu vermeiden. Das Zerteilen ist harte Arbeit. Gemahlen und zu Saft gepresst - ohne Most und Trester - gelangt sie in die Maische, wo unter niedrigen Temperaturen in aller Muße die Gärung stattfindet. Der fertige Brand verströmt den Geschmack, der bei der rohen Quitte nur mit der Nase aufgenommen werden kann: eine marmeladige Mischung aus Honig, Zitrus, Orange, Birne und Apfel.

Alkoholgehalt: 40 Vol.-%
Ort: Stuttgart, Deutschland
Gründung: 1953

FAUDE FEINE BRÄNDE ZIBÄRTLE

Destillerie · Hausbrennerei Kaiserstuhl
Sorte · Obstbrand

Obwohl Florian Faude kaum 30 Jahre alt ist, führt er seine Destillerie bereits seit fast einem Jahrzehnt. Sein landwirtschaftliches Interesse entwickelte sich während seiner Winzerausbildung, die ihn zur Bewirtschaftung der steilen Hänge im oberen Schwarzwald führte. Wegen der gewissenhaften und arbeitsintensiven Ernte und Verarbeitung der gleichnamigen Wildpflaume ist der Zibärtle-Brand eines seiner bekanntesten Produkte. Zunächst werden die kleinen Früchte von den Bäumen geschüttelt, dann wird das grünlich-gelbe Fleisch von den Steinen geteilt. Die Destillation erzeugt einen besonderen, mandelartigen Geschmack.

Alkoholgehalt: 40 Vol.-%
Ort: Bötzingen, Deutschland
Gründung: 2006

BRENNEREI ZIEGLER VOGELBEERBRAND

Destillerie · Edelobstbrennerei
Gebr. J. & M. Ziegler
Sorte · Obstbrand

Mit einem ausgeprägten und leidenschaftlichen Verständnis für die Ausgangspunkte, den Boden und das Klima stellt die Brennerei Ziegler seit 150 Jahren hochqualitative Spirituosen her. In der Destillerie nutzt man nur reife und unbeschädigte Trauben aus den angesehensten Weinregionen Europas. Die Vergärung und Brandproduktion läuft wie ein Uhrwerk, wobei das Herzstück des Destillats mit Präzision separiert wird. Der eigensinnige Vogelbeerbrand mit seiner reichen Marzipannote ist aus schwedischen Vogelbeeren gemacht. Die erfahrenen Pflücker können sie von den fast identisch aussehenden, aber bitter schmeckenden Früchten der deutschen Eberesche unterscheiden.

Alkoholgehalt: 48 Vol.-%
Ort: Freudenberg am Main, Deutschland
Gründung: 1865

HAFERPFLAUMENBRAND

Destille · Weingut Danner
Sorte · Obstbrand

Das Danner Weingut im Schwarzwälder Ortenaukreis besitzt eine lange Tradition, die bis ins Jahr 1715 zurückreicht. Auf dem Gut wird eine seltene Zwetschkensorte, die „Haferpflaume", kultiviert. Während der Erntezeit werden in drei aufeinanderfolgenden Erntegängen nur die wirklich reifen Früchte gesammelt, um aus ihnen einen ganz einzigartigen Schnaps zu brennen. Im Keller wird der Alkohol in Holzfässern destilliert. Die Fässer ermöglichen es nicht nur, die Temperaturen präzise zu kontrollieren. Das drei Jahre gelagerte Holz der Fässer, das aus den umliegenden Wäldern stammt, gibt dem französischen Begriff des „Terroirs" auch seine ursprüngliche Bedeutung zurück.

Alc/Vol: 42%
Ort: Durbach, Deutschland
Gründung: 2006

WILDE EIERBIRNE

Destillerie · Manufaktur Jörg Geiger
Sorte · Obstbrand

Als VIP des Örtchens Schlat in der Schwäbischen Alb posiert man auf Fotos grundsätzlich mit einem Stück Obst in der Hand. Denn am Obstanbau kommt man hier – neben der Schafzucht – nicht vorbei. Dass die Birne in Jörg Geigers Hand so klein wirkt, liegt nicht etwa an seinen Ausmaßen. Nein, sie bleibt auch im vollreifen Zustand eine Miniatur, die aber vor Geschmack bersten könnte. Sie stammt von den oft über 100-jährigen Bäumen dieser Gegend, deren Ernte sich Geiger von den Bauern aus einem Umkreis von 60 Kilometern in seine Manufaktur bringen lässt. Dem Fruchtaroma zuliebe kalt vergoren, setzt die erste Destillation schon vor Ende des Gärungsprozesses ein. Nach einer Ruhephase wird ein zweites Mal zum Feinbrand destilliert. So stecken am Ende in einem Liter reinem Destillat bis zu 30 Kilogramm der wilden Eierbirnen.

Alkoholgehalt: 42 Vol.-%
Ort: Schlat, Deutschland
Gründung: 1995

APFEL IM KASTANIENFASS

Destillerie · Manufaktur Jörg Geiger
Sorte · Obstbrand

Dass Destilleriebesitzer und Koch Jörg Geiger schon hier geboren wurde, ist ein großes Glück. Zum einen spricht er die spezielle Sprache von der schwäbischen Alb, zum anderen kann er die dort vorherrschende Mentalität handhaben. Ansonsten wäre die Kooperation mit den Bauern der Umgebung vermutlich zum Scheitern verurteilt gewesen. So aber hat er die über 300 Bauern und „Gütlesbesitzer" der Region entlang des Albtraufs überzeugt, die Erträge aus ihren Streuobstwiesen in edle Liköre, Schaumweine und Brände umwandeln zu lassen. Das sichert nebenbei den Erhalt der uralten Sorten und einige faire Euros für das gefräßige Sparschwein. Die Brände sind alles andere als ergiebig, dafür umso fruchtiger und aromatischer. „Apfel im Kastanienfass" ist ein 42-prozentiger, im Fass gereifter Apfelbrand.

Alkoholgehalt: 42 Vol.-%
Ort: Schlat, Deutschland
Gründung: 1995

REISETBAUER KAROTTE

Destillerie · Reisetbauer Qualitätsbrand
Sorte · Obstbrand

Hans Reisetbauer ist für die Reinheit seiner Brände bekannt. Sein Ruhm ist das Resultat seiner leidenschaftlichen Hingabe an seine Obstgärten sowie an die Vorgänge bei der Destillation, die er mit Präzision und Erfindungsreichtum betreibt. Es gibt nichts, das Reisetbauer nicht hinterfragen würde: Selbst die Wahl des Wassers, das nun aus den Quellen des oberösterreichischen Mühlviertels kommt, ist wohlüberlegt. Karotte ist eine seiner berühmtesten Spirituosen: Jede Flasche enthält das Destillat von 23 Kilogramm Karotten, die zuvor in der Umgebung angebaut wurden. Das Gemüse wird gegoren, püriert und zweimal in einem kupfernen Destillierkolben gebrannt, den Reisetbauer selbst entworfen hat und bei Christian Carl in Göppingen herstellen ließ.

Alkoholgehalt: 41,5 Vol.-%
Ort: Axberg, Österreich
Gründung: 1994

TESLA ŠLJIVIO

Destillerie · Tesla Distillers
Sorte · Obstbrand

Dass in den wirklich guten Frankfurter Cocktailbars kein einziger kroatischer Schnaps zu finden war, das wurmte Boris Markić schon. Denn es gab eigentlich keinen Grund dafür. Also durchkämmte er Kroatien nach einer Destillerie, mit der er einen Sliwowitz entwickeln konnte, der sich als echte Bereicherung für Cocktails und Longdrinks eignen würde. Heraus kam der Tesla Šljivovica: ein Blending aus einzeln destillierten kroatischen Pflaumensorten. Fruchtig und mit vollem Pflaumenaroma schmeckt er pur und ungekühlt. Unter Zugabe einiger Eiswürfel und Zitrone soll er aber sogar Sprite zum bartauglichen Getränk aufwerten. Was das ganze mit Nikola Tesla zu tun hat? Der war immerhin gebürtiger Kroate und Gegner des Alkoholverbotes während der Prohibition. Außerdem ist er mit dem Schnauzer einfach nett anzusehen.

Alkoholgehalt: 42 Vol.-%
Ort: Zagreb, Kroatien
Gründung: 2013

NAHMIAS ET FILS MAHIA

Destillerie · Baron Nahmias
Sorte · Obstbrand

Aus den Früchten des Mittelmeerraumes Alkohol produzieren – das wollten die alten Marokkaner, und nannten diese Errungenschaft Mahia. Wie auch in vielen anderen Kulturen ist ihr Name gleichbedeutend mit „Lebenswasser". Solch ein Mahia wird nun auch in den Vereinigten Staaten produziert. Die Hersteller, die selbst marokkanische Wurzeln haben, setzen bei ihrem Produkt auf Feigen als Rohstoff, wissend, dass traditionell auch Datteln und Trauben zum Einsatz kamen. Zum Schluss wird der Mahia noch mit Anis aromatisiert, einem klassischen Gewürz des Mittelmeerraums.

Alkoholgehalt: 40 Vol.-%
Ort: Yonkers (NY), USA
Gründung: 2012

BRAND

Nahmias et Fils

Als David Nahmias ein kleiner Junge war, stand er oft mit seiner Mutter Tamou in der Küche ihres Hauses im kleinen südmarokkanischen Ort Taznakht im Atlasgebirge und begutachtete den köchelnden Alkohol. Sie hatten Feigen gesammelt, geschnitten und tagelang fermentiert und schließlich in den Destillierapparat der Familie gegeben, um aus der Feigenmaische Mahia zu machen – den traditionsreichen Branntwein der Juden Marokkos.

Mahia, dessen Name wie Eau de vie ebenfalls „Wasser des Lebens" bedeutet, hat die schneidende Schärfe eines Grappas, aber mit dem orientalischen Beigeschmack von Feigen und Anis. „Ich erinnere mich an den Geruch der fermentierenden Feigen und an den Geruch des Alkohols", erzählt David Nahmias heute. Viele Male habe er als Kind mit seiner Mutter den Schnaps destilliert. Dann ging Nahmias nach Paris zur Schule, später zum Studium nach Montreal, dann nach New York. Und der Geruch des destillierenden Mahia wurde zu einer ständigen, aber immer ferneren Erinnerung an Kindheit, Heimat und Familie. Als die Finanzkrise 2009 die USA ergriff und auch noch David Nahmias Eltern als letzte Brücke zum alten Leben verstarben, entschied Nahmias, der eigentlich als Softwareentwickler arbeitete, gemeinsam mit seiner Frau Dorit, einer gelernten Bankerin, die gerade ihren Job verloren hatte, die Tradition seiner Familie wiederauferstehen zu lassen und damit einen Familienbetrieb zu gründen. In ihrer kleinen Brennerei in Yonkers, wenige Kilometer nördlich der New Yorker Bronx, brennen die Nahmias heute einen vielfach ausgezeichneten koscheren Mahia, der geschmacklich ein paar Zugeständnisse an den Geschmack des Westens und die Zeit macht, aber im Grunde doch riecht und schmeckt wie damals in Taznakht.

Für David Nahmias ist damit ein Traum in Erfüllung gegangen: Er hat dem Mahia nicht bloß seinen rechtmäßigen Platz auf den Getränkekarten der USA beschert, er setzt auch die seit Generationen bestehende Tradition seiner Familie fort. Ein Anspruch, der sich im Namen des Familienbetriebs wiederfindet und durchaus auch ein Zeichen für die Zukunft und ein Auftrag an die Kinder der Nahmias ist: „Wir hoffen, dass unsere Kinder das hier fortführen", sagt Dorit Nahmias. „Unsere Kinder sind daran interessiert, es zu lernen, und sie sind sehr stolz auf ihr Herkunft".

ROCHELT WACHAUER MARILLE

Destillerie · Tiroler Schnapsbrennerei Rochelt
Sorte · Obstbrand

Erst im Alter von 49 Jahren machte der Österreicher Günter Rochelt das zu seinem Beruf, was seit den 70ern sein Traum war: eigenen Schnaps herzustellen. Was in der Garage seines Cousins aus dem Obst der familieneigenen Gärten an Destillaten entstand, mündete 1989 in die Schnapsbrennerei Rochelt – der 1993 sogar im *Playboy* mit „Droge der Sinnlichkeit" ein eigener Artikel gewidmet wurde. 21 verschiedene Sorten Obstschnaps stellt inzwischen sein Schwiegersohn her – wie bei der Wachauer Marille ohne Gärhilfen, im Tiroler Doppelbrandverfahren, unfiltriert und nur aus bestem, vollreifem Material. Kompromisse gibt es nicht: „Stimmen die Verhältnisse nicht, dann verzichten wir auf die Ernte", heißt es in den Rochelt'schen Prinzipien. Und die sind in Stein gemeißelt.

Alkoholgehalt: 50 Vol.-%
Ort: Fritzens, Österreich
Gründung: 1989

KIRSCHWASSER

Destillerie · Hausbrennerei Baumgartner
Sorte · Obstbrand

Im deutsch-französisch-schweizerischen Dreiländereck liegt die deutsche Hausbrennerei Baumgartner. 1983 begannen Fridolin und Anneliese Baumgartner neben dem Weinanbau, dessen Früchte-Ertrag sie an die lokale Genossenschaft verkaufen, selbstständig zu brennen. In der umgebauten Scheune destillierten sie als Erstes Tresterbrand, der immer noch zu Fridolins Lieblingsschnäpsen zählt. Seine Frau favorisiert das 43-prozentige Kirschwasser, das auf der internationalen Edelbrandmeisterschaft Destillata neben dem Mirabellenwasser zuletzt eine Goldmedaille und das Prädikat „Edelbrand des Jahres" erhielt. Die Kirschen mit unüberbietbarem Oechsle-Gehalt baut das Paar selbst an. Sogar im kristallklaren Zustand behalten sie ihr intensives Aroma mit Nuancen von Vanille, Zimt und Herrenschokolade.

Alkoholgehalt: 43 Vol.-%
Ort: Vogtsburg-Oberbergen, Deutschland
Gründung: 1983

MARDER EDELBRÄNDE MIRABELLENBRAND

Destillerie · Brennerei Marder Edelbrände
Sorte · Obstbrand

Als mit den 1950er-Jahren im Nachkriegsdeutschland die „Fresswelle" einsetzte, bedeutete das auch einen rasanten Anstieg des Alkoholgenusses. Genau an der Schwelle zum Wirtschaftswunder gründete Otto Marder seine Brennerei nahe der Schweizer Grenze, wo sich leicht ein Obstüberschuss zum Destillieren fand. Das Sortiment, das heute von Ottos Enkel Stefan Marder verantwortet wird, zählt über 40 Brände und Liköre, traditionell aus Beeren, Wildfrüchten und Steinobst, die von der Brennerei angekauft und verarbeitet werden. Die Mirabellen für das gleichnamige Destillat stammen je nach Jahr aus dem Schwarzwald oder der Gegend um Nancy. Der Brand mit intensiv-fruchtigem Mirabellenaroma bindet den Stein geschmacklich ein und „kommt auch bei Frauen gut an", wie der Brenner versichert.

Alkoholgehalt: 40 Vol.-%
Ort: Albbruck-Unteralpfen, Deutschland
Gründung: 1953

CLEAR CREEK WILLIAMS PEAR BRANDY

Destillerie · Clear Creek Distillery
Sorte · Eau de vie

Vor 30 Jahren in Oregon. Es ist eine hervorragende Birnenernte für Stephen McCarthy. Angesichts der Berge an Früchten beschließt der Farmer, seine Birnen zu Schnaps zu brennen. Das nötige Handwerk lernt er von Destillateuren im Dreiländereck Frankreich, Schweiz und Deutschland, dessen Williamsbirne der Bartlett-Birne ähnelt, die von den McCarthys am Mount Hood schon seit über hundert Jahren angebaut wird. Die Birnen werden zerstoßen und mithilfe von Champagnerhefe fermentiert. Die Maische wird destilliert, das Ergebnis mehrere Monate gelagert. Auf die starke Pfirsichnote des klaren Destillats folgt ein runder Nachgeschmack. Der Clear Creek Pear Brandy zählt zu den wenigen Obstbränden mit nordamerikanischen Wurzeln.

Alkoholgehalt: 40 Vol.-%
Ort: Portland (OR), USA
Gründung: 1985

EAU DE VIE DE SUREAU NOIR

Destillerie · Distillerie Gilbert Holl
Sorte · Eau de Vie

Gilbert Holl begann seine Karriere als Schnapsbrenner im Elsass, wo er aus selbst geernteten Pflaumen, Himbeeren und Kirschen klassischen französischen Obstbrand, Eau de vie, herstellte. Seitdem er 1984 seine offizielle Lizenz erhielt, hat sich seine Destillerie zusehends vergrößert. Heute produziert er damit tausende Liter Hochprozentigen im Jahr, mit einer immer größer werdenden Geschmackspalette, die von wilden Holunderbeeren über Löwenzahnblüten bis hin zu ausgefalleneren Geschmackssorten wie Kümmel, Ingwer, Kiwi oder Sauerkraut reicht. Die Brände werden noch immer in kleinen Mengen von 150 Liter produziert, wobei die kunsthandwerkliche Art der Gärung und der Destillation der strengen Tradition von hoch-qualitativen Bränden verpflichtet ist.

Alkoholgehalt: 45 Vol.-%
Ort: Ribeauvillé, Frankreich
Gründung: 1978

LAURENT CAZOTTES GOUTTE DE PRUNELART

Destillerie · Distillerie Artisanale Laurent Cazottes
Sorte · Eau de Vie

Im späten 19. Jahrhundert war die Prunelart-Traube beinahe ausgerottet. Die Reblaus – dieser aus Amerika kommende, Traubensaft saugende Fluch – machte den europäischen Weinen zunehmend zu schaffen. In den 1990er-Jahren wurde die Traubenart aus ein paar wenigen konservierten Exemplaren wiederbelebt. Dennoch ist die dunkelviolette Traube auch heute noch eine Rarität, die nur auf zwei Hektar in Frankreich wächst. Ein Viertel von dieser Fläche wird von dem Brenner Laurent Cazottes biodynamisch angebaut, um mit großer Aufmerksamkeit seinen Brandy herzustellen: die Trauben werden an den Rebstöcken gehalten, bis sie trocknen, dann werden sie von Hand gepflückt, gestemmt und entkernt, zerdrückt, fermentiert und zu einem außergewöhnlichen Eau de vie destilliert.

Alkoholgehalt: 45 Vol.-%
Ort: Villeneuve sur Vère, Frankreich
Gründung: 1998

The Somerset Cider Brandy Company

BRAND

Burrow Hill im südlichen Somerset, einer Grafschaft im Südwesten Englands, ist eine sehr hübsche, sehr hügelige und sehr englische Region. Mildes Wetter, weite Wiesen und Obstplantagen voller Apfelbäume bestimmen die Szenerie und sind außerdem die Heimat der kleinen Somerset Cider Brandy Company.

Seit über 150 Jahren wird in der Gegend um Martock Cider produziert, und seit etwas mehr als 25 Jahren auch wieder Cider Brandy. Cider Brandy, eine englische Variante des aus der Normandie stammenden Calvados, hat in dieser Region eigentlich eine lange, bis ins Jahr 1678 zurückreichende Tradition. Als Tim Stoddart und Julian Temperley, die Gründer der Somerset Cider Brandy Company, Ende der 1980er-Jahre aber darangingen, diesem alten Getränk neues Leben einzuhauchen, mussten sie mit viel Liebe und Energie gegen die Beharrungskräfte der Behörden, der Calvados-Verbände und des konservativen englischen Marktes ankämpfen. „Zu Beginn meiner Cider-Karriere wurde ich oft gefragt, warum ich nicht einfach Calvados herstelle, und meine Antwort war: Weil ich nicht ins Gefängnis will. Wir hatten nie die Möglichkeit, echten Calvados zu produzieren, und haben stattdessen einen nahen Verwandten gemacht", erzählt Julian Temperley. Schließlich aber erhielt die Somerset Cider Brandy Company die erste Lizenz zur Destillierung von Cider in der Geschichte Englands.

Die Beschaffenheit der Böden, der fast 65 Hektar großen Farm wie im Weinanbau „Terroir" genannt, ist für Cider geradezu ideal. Die mehr als 40 Apfelsorten, die hier wachsen, tragen so klangvolle Namen wie Brown Snout, Stoke Red, Harry Masters und Kingston. Jedes Jahr im Herbst wird eine fein ausgewogene Mischung aus sauren, süßen und bitteren Äpfeln vergoren, bis ein Apfelmost mit 5 Vol.-% Alkohol entsteht, der über den Winter lagert. Von März bis April wird der Most dann in zwei 180 Jahre alten Destillationsblasen aus Kupfer, die auf die Namen Josephine und Fifi getauft wurden, doppelt gebrannt und reift anschließend bis zu 20 Jahre lang in Eichenfässern.

„Ich glaube, dass die Somerset Cider Brandy-Produkte, die wir machen, vielen Menschen eine komplette neue Perspektive und neuen Stolz auf die lange Cider-Tradition in Somerset gegeben haben", sagt Temperley. Und nicht nur das: Seit 2010 ist „Somerset Cider Brandy" selbst eine von der Europäischen Union hochoffiziell „geschützte geografische Angabe".

SOMERSET CIDER BRANDY (5 YEARS)

Destillerie · Somerset Cider Brandy Co.
Sorte · Cider Brandy

Der Cider Brandy aus Somerset ist nicht nur das golden schimmernde Ergebnis perfektionierter Handwerkskunst, sondern auch ein geschützter Begriff. Nachdem das Destillieren von Cider schon 1678 unter Wilhelm III. verboten worden war, zitterten Fans des edlen Brands gute 300 Jahre später erneut, als laut EU-Richtlinien nur noch traubenbasierte Brandys als solche tituliert werden durften. Schließlich gewann Julian Temperley, Vorreiter des Cider-Brandy-Revivals, im Jahr 2011 einen Prozess, woraufhin der Brand aus Äpfeln des Burrow Hill wieder Brandy heißen durfte. Im Frühling wird der Cider fermentiert und destilliert. Während der anschließenden fünf Jahre im Eichenfass entwickelt er sein samtiges Aroma und den würzigen Nachgeschmack.

Alkoholgehalt: 42 Vol.-%
Ort: Somerset, Großbritannien
Gründung: 1987

CALVADOS PRESTIGE

Destillerie · Pierre Huet
Sorte · Calvados

Mit François Huet, startete die Calvados-Tradition der Familie zunächst fast unbemerkt. Er produzierte aus seiner reichen Apfelernte Calvados und lagerte die Flaschen auf seiner Domaine in Cambremer, Normandie. Sein Sohn Pierre – Namensgeber der Kellerei – verstand sich gut darauf, das Getränk an den Mann zu bringen: Die Spitzenköche Paul Bocuse und Michel Guérard schätzten den Huet-Calvados besonders. Über 25 Apfelsorten in vier unterschiedlichen Säuregraden baut der Familienbetrieb auch heute noch an. Für den Calvados eignen sich die frühen Äpfel, die im September und Oktober geerntet werden. Mindestens zwei bis drei Jahre lang reift er dann in Eichenfässern. Je nach Alter changiert er in einer Skala zwischen Blassgold und Bernsteinfarbe – letztere braucht zur Entfaltung ein halbes Jahrhundert.

Alkoholgehalt: 40 Vol.-%
Ort: Cambremer, Frankreich
Gründung: 1865

BOURBON BARREL AGED APPLE LIQUEUR

Destillerie · Warwick Valley Winery & Distillery
Sorte · Obstlikör

Etwa zehn Jahre lang experimentierte und reüssierte die Warwick Valley Winery mit der Herstellung von Weinen und Cidres, bis sie 2002 um eine Destillerie erweitert wurde. Das hatte sich seit der Prohibition im gesamten Hudson Valley noch keiner getraut. Unter der Bezeichnung American Fruits entstehen nun Brände und Liköre, aus dem Obst des fruchtbaren Tals des Hudson River – die traditionellen französischen und deutschen Rezepturen immer im Hinterkopf. Der Bourbon Barrel Aged Apple Liqueur ist ein Zusammenspiel aus süßem Cider und dem hauseigenen Apple Brandy, gereift in einem Bourbonfass. Eine Art Dessertwein mit 19,5 Prozent, der weiche Apfel- und rauchige Karamellnoten kombiniert.

Alkoholgehalt: 19,5 Vol.-%
Ort: Warwick (NY), USA
Gründung: 2002

PÜR LIKÖR WILLIAMS

Destillerie · Brennerei-Kelterei Salzgeber
Sorte · Obstlikör

Deutsche Handwerkskunst trifft auf amerikanisches Marketing. Für den Flascheninhalt ist Brennmeister Franz Xaver Salzgeber aus dem bayerischen Babenhausen verantwortlich, der Früchte und Pflanzen aus der Region in Brände und Liköre verwandelt. Den zweiten Part nimmt die in Kalifornien lebende Exil-Deutsche Kiki Braverman ein. Ihr ist es zu verdanken, dass es mit der Marke Pür Spirits süddeutsche Obsterzeugnisse gar bis nach Amerika geschafft haben. Ganze fünfzehn Pfund Birnen sind in einer nur 350 Milliliter fassenden Flasche verarbeitet, deren Inhalt in den Händen von kreativen Barkeepern bereits in die eine oder andere Cocktailrezeptur eingeflossen ist.

Alkoholgehalt: 25 Vol.-%
Ort: Babenhausen, Deutschland
Gründung: 2007

GOLDEN MOON DRY CURAÇAO

Destillerie · Golden Moon Distillery
Sorte · Obstlikör

Obwohl die Golden Moon Distillery in Colorado erst 2008 gegründet wurde, findet man hier eine ganze Reihe von historischen Spuren und Referenzen. Die vier Brennblasen stammen aus dem frühen 20. Jahrhundert und die hochwertige Produktion basiert auf Techniken aus der Mitte des 19. Jahrhunderts. In der Bibliothek findet man zudem seltene Bücher über Destillation, die bis ins 16. Jahrhundert zurückreichen. Der Dry Curaçao enthält den Gerschmack der Schalen der kleinen bitteren Orangen von der gleichnamigen Karibikinsel. Safran, Zimtrinde und Rooibos geben dem Likör eine sanfte Schärfe. Seine Tiefe und reiche, natürlich-goldene Farbe gewinnt er durch die Alterung in Eichenfässern.

Alkoholgehalt: 40 Vol.-%
Ort: Golden (CO), USA
Gründung: 2008

AMARETTO-LIQUEUR

Destillerie · Destillerie Dwersteg
Sorte · Nusslikör

Die Destillerie Dwersteg befindet sich seit mehr als einem Jahrhundert in der Hand einer Familie von begnadeten Schnapsbrennern. Seit jeher zeichnet sie sich durch ihre Hingabe bei der Produktion der biologischen Zutaten aus. Daher verwundert es nicht, dass die mit erneuerbaren Energien betriebene Destillerie für ihre außergewöhnliche Qualität bekannt ist. Bei dem Erwerb der Zutaten wie Bourbon-Vanille aus Madagaskar oder Rohrohrzucker aus den Philippinen und Paraguay setzt das Familienunternehmen auf Fair-Trade. Die Kombination von süßem Karamell mit bitteren Mandeln macht aus ihrem Amaretto-Likör einen unverwechselbaren Gegenpart zu anderen Getränken wie Champagner oder Zitronensaft auf Eis.

Alkoholgehalt: 20 Vol.-%
Ort: Steinfurt, Deutschland
Gründung: 1882

LANTENHAMMER WALNUSSLIQUEUR

Destillerie · Destillerie Lantenhammer
Sorte · Nusslikör

Im spätsommerlichen Oberbayern fühlen sich die Früchte geradezu herausgefordert, ihre Vollreife zu präsentieren. Nicht nur, weil sie die Kulisse am Fuß der Alpen dann ideal vervollständigen, sondern weil eine Karriere als Obstdestillat nicht ausgeschlossen erscheint: Die Destillerie Lantenhammer in Hausham am Schliersee verwendet für ihre Edelbrände, Cuvées und Liköre nur die sonnenbeschienensten Früchte aus kontrolliertem Anbau. Der Walnussliqueur bildet eine Ausnahme: Hier wird nach altem Rezept die halbreife, noch grüne Frucht verarbeitet, weil dieser Zustand eine vollmundige Note garantiert. Verfeinert ist er mit Bourbon-Vanille und getrunken werden kann der 30-Prozentige pur, zum Kaffee oder als Cocktailzutat.

Alkoholgehalt: 30 Vol.-%
Ort: Hausham, Deutschland
Gründung: 1928

Klöster und Geiste

•

Alte Schule: Mit handwerklich betriebenen Destillerien und Kellereien leben viele Klöster seit Langem das vor, was die vergleichsweise junge Craft-Szene fasziniert. Dass es auch im großen Stil klösterlich bleiben kann, zeigt die Marke Chartreuse.

Wohl genauso alt wie das europäische Klosterwesen ist die Warnung vor zu viel Alkoholgenuss durch die Fratres und Patres. Und so werden im Leitfaden für angemessenes Mönchsleben nicht nur das Gebet und die Frage der Geschenkannahme behandelt, sondern auch der Weinverzehr: Benedikt von Nursia – der abendländische Mönchsvater – formulierte in seiner Regula aus dem 6. Jahrhundert, eine Hemina (knapp ein Viertelliter) Wein müsse pro Tag und Mönch ausreichen. Er notiert: „Zwar lesen wir, Wein passe überhaupt nicht für Mönche. Aber weil sich die Mönche heutzutage davon nicht überzeugen lassen, sollten wir uns wenigstens darauf einigen, nicht bis zum Übermaß zu trinken." Für den Fall, dass ein Kloster weniger oder auch keinen Vorrat an Wein hatte, legte er dringlich nahe: „Dazu mahnen wir vor allem: Man unterlasse das Murren."

Bei aller Wertschätzung seiner Wirkung war Wein hauptsächlich als risikofreier Durstlöscher gedacht: „Wein war im Mittelalter das sichere Getränk. Wasser war oft verunreinigt und sogar lebensgefährlich, da konnte man schnell Cholera bekommen – der Wein aber war steril", so Martin Erdmann. Er ist Experte für Klosterprodukte bei Manufactum, einem Warenhaus, das langlebige, traditionell hergestellte Produktklassiker Waren anbietet. Unter der Rubrik „Gutes aus Klöstern" finden sich neben Pilgerbalsam und Trappistensenf auch Biere, Weine und Spirituosen.

„Meistens war der Wein nicht sonderlich genießbar, weshalb man ihn mit Kräutern versetzte. Der Wermutwein beispielsweise stammt daher." Alternativ zum Wein war Bier das Getränk der Mönche – es ist auch heute noch ein beliebtes Klosterprodukt, gerade in Belgien und den Niederlanden. Das Brauen war eine Methode, Getreide haltbar zu machen. Hochprozentigere Getränke wie Schnaps und Likör hatten ihre Ursprünge in der Kräuterheilkunde. „Krankheiten zu heilen ist ja biblisch", sagt Erdmann, der selbst einige Zeit als Novize in einem Kloster gelebt hat, „jemand, der im Kloster krank wurde, hatte sehr viel größere Chancen, gesund zu werden, als Anderswo." Neben vereinzelten Adelszentren waren es die Klöster, in denen sich das Wissen bündelte, wo der Umgang mit griechischen, lateinischen und arabischen Dokumenten geläufig

war. Was Kräuter medizinisch bewirken konnten, das wurde von den Mönchen aus der Antike herübergerettet.

An die Rezepturen gelangten Klöster oft zufällig – sie hatten aber das Know-how, sie zu entziffern und technisch umzusetzen. Um die Wirkstoffe aus den Kräutern zu extrahieren, brauchte man hochprozentigen Alkohol: „Eigentlich ist Whisky die älteste Klosterspirituose", erklärt Erdmann. Der wurde vermutlich schon im 5. Jahrhundert im Umkreis des heiligen Patrick – in Schottland und Irland – gebrannt. Gesichert ist die Whiskyherstellung aber erst für das 15. Jahrhundert. „Das ist ja das Kuriose, dass es heute gar keine Klöster mit Whiskybrennereien gibt. Auf der ganzen Welt nicht mehr." Davon abgesehen ist die Palette an Klosterlikören und -schnäpsen enorm. Am bekanntesten ist wohl der Chartreuselikör (der 1963 mit dem Twist „Kartäuser Knickebein Shake" sogar Eingang in die Schlagergeschichte der DDR fand).

1605 schenkte ein Marschall das Rezept für ein „Elixier des langen Lebens" aus 130 Kräutern an den Kartäuserorden bei Paris. Mittlerweile ist Chartreuse die weltweit größte Likörkellerei der Welt, wie einen Schatz hütet sie die Rezeptur ihres Élixir Végétal: Zwei Mönche sind in die Zusammensetzung eingeweiht, reisen dürfen sie nur getrennt, um bei einem Unfall immer noch einen wissenden Mönch in der Hinterhand zu haben. Dass mit dem Elixier spätestens im 18. Jahrhundert gehandelt wurde, beweisen die Holzschatullen, die von den Einsiedlermönchen damals schon für den Transport des Heilgetränks gedrechselt wurden. Das 69-prozentige Getränk nimmt man in homöopathischen Dosen zu sich, auf Zucker oder zum Tee. Die wohltuende Wirkung darf allerdings wegen des Alkoholgehaltes nicht mehr auf dem Etikett deklariert werden.

Meistens geschieht die Herstellung der Spirituosen und Liköre, wenn sie noch in Klosterhand ist, von Hand und im kleinen Stil – wie im orthodoxen Dreifaltigkeitskloster in Niedersachsen, in dem nur vier Mönche leben. „Wenn Sie ein orthodoxes Kloster besuchen, kriegen Sie immer sofort ein Glas Schnaps, ein Tässchen Mokka

Die Klosterbrüder des Maristenkloster in Furth bei Landshut stellen seit 1857 Kräuter- und Wurzeldestillate mit Produkten aus dem eigenen Klostergarten nach bis heute unveränderten Rezepten her.

und ein Glas Wasser", erzählt Erdmann, und schwärmt vom Buchhäger Wildkirschenlikör. „Die setzen das in Einmachgläsern an. Das ist ein super Getränk, aber es gibt eben nur ein paar Flaschen pro Jahr". Solche minimalistischen Betriebe findet man in großer Zahl auch in Italien, manchmal mit ausgefallenen Rezepturen, wie der des Eukalyptuslikörs des Klosters Tre Fontane bei Rom, oder des Rhabarberwurzellikörs des zurückgezogen liegenden Monastero di Camaldoli bei Arezzo.

Eine Whiskybrennerei aufzuziehen, das hat keines der Klöster bislang gewagt, obwohl Experte Erdmann diesem Vorhaben eine goldene Zukunft voraussagen würde: „Mit der richtigen Technik, der richtigen Fasslagerung – das wäre ein Selbstläufer, keine Frage!"

ZWETSCHGENWASSER

Destillerie · Klosterkellerei Erzabtei Sankt Ottilien
Sorte · Geist

Etwa 40 Kilometer westlich von München liegt die Erzabtei St. Ottilien, in der etwa 100 Missionsbenediktiner leben. Angestrebt wird eine möglichst autarke Versorgung der Mönche und Gäste, was mit Ackerbau, Rinderzucht, Schweinemast und Hühnerhof ganz gut funktioniert. Darüber hinaus werden die überzähligen Kräuter und Früchte aus Klostergärtnerei und Obstgärten haltbar gemacht: Der 40-prozentige Klosterlikör mit geheimer Kräutermixtur hat 2014 den Publikumspreis Destillerie Berlin erhalten. Die Herstellung der Obstbrände „Apfel und Birne", „Zwetschgenwasser" und „Williams Christ" wird vom Anbau der Früchte bis zur Etikettierung von den Mönchen erledigt. Falls jemand auf falsche Gedanken kommen sollte: Zu missionarischen Zwecken werden die Wässerchen natürlich nicht eingesetzt.

Alkoholgehalt: 40 Vol.-%
Ort: Sankt Ottilien, Deutschland
Gründung: 1884

AVADIS HASELNUSSGEIST

Destillerie · Avadis Distillery
Sorte · Geist

Familie Vallendar destilliert schon seit mehreren Generationen Obstbrände. Den Gutshof in Wincheringen-Bilzingen, ein paar Kilometer von der luxemburgischen Grenze entfernt, gibt es seit 1824. Während der Papa neben Landwirtschaft und Weinbau dem Destillieren zwar mit Herzblut, aber eben nur als Hobby nachgehen konnte, haben sich seine Söhne Andreas und Carlos ganz dem Alkohol verschrieben – natürlich nur auf beruflicher Ebene. Davon können sich Besucher selbst überzeugen, die Avadis-Brennerei und sogenannte Spirothek begutachten und Whiskys, Liköre und Brände probieren: den 40-prozentigen Haselnussgeist beispielsweise, der mit intensiven Karamell- und Nougatnoten besticht und noch lange an eine gerade verzehrte Haselnussschnitte erinnert.

Alkoholgehalt: 40 Vol.-%
Ort: Wincheringen, Deutschland
Gründung: 1824

HIMBEERGEIST

Destillerie · Alfred Schladerer Alte Schwarzwälder Hausbrennerei
Sorte · Geist

Die familiengeführte Alfred Schladerer Hausbrennerei hat sich seit dem Jahr 1844 dem schönsten Handwerk der Welt verschrieben und brennt bereits in sechster Generation. In den Höhen der Karpaten, zwischen der Republik Moldau und der Ukraine, werden vollreife Waldhimbeeren von Hand gepflückt, gefrostet und innerhalb von zwei Tagen nach Staufen transportiert. Hier stellen die Schladerers ihren Himbeergeist mit Quellwasser aus dem Schwarzwald her. Auf zusätzlichen Zucker oder andere Zusätze wird verzichtet, sodass sich der süße Geschmack der Himbeeren frei entfaltet und unverfälscht den fruchtbaren Boden und das reiche Klima erahnen lässt, auf dem die Beeren wachsen. In die Regale kommt der Himbeergeist in der typischen kantigen Flasche.

Alkoholgehalt: 42 Vol.-%
Ort: Staufen im Breisgau, Deutschland
Gegründet: 1844

KOHLER INGWERDESTILLAT

Destillerie · Destillerie Kohler
Sorte · Kräuterbrand

Dass das Ingwerdestillat besonders gern von Frauen geordert wird und längst unter der Bezeichnung Frauengetränk firmiert, ehrt das genannte Geschlecht ebenso wie den gemeinten Schnaps: Das hochprozentige Ingwergetränk der Stuttgarter Destillerie Kohler, betrieben von Großvater Eberhard Kohler und Enkel Lars Erdmann, zeichnet sich durch ein weiches, warmes und intensives Aroma mit zurückhaltender Schärfe aus. In einem aufwendigen Prozess entsteht die vollkommen klare Spirituose über einen Zeitraum von sechs Monaten, worauf drei Monate Reifezeit und eine schonende Filtration folgen. Im Winter wärmend und im Sommer erfrischend wirken die ätherischen Öle im Zusammenspiel mit Limette – ohne jegliche Zusatzstoffe.

Alkoholgehalt: 40 Vol.-%
Ort: Stuttgart, Deutschland
Gründung: 1953

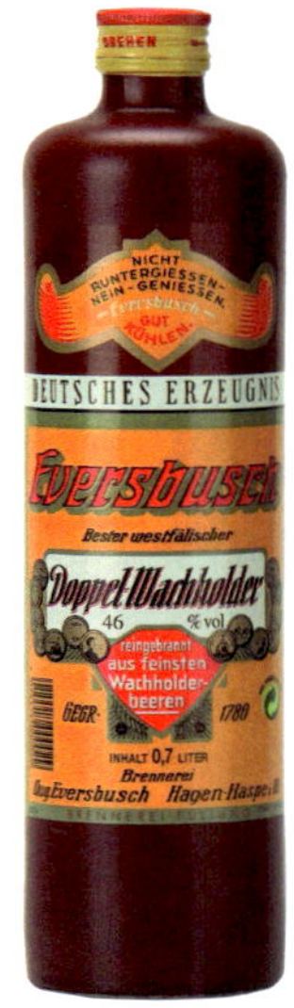

EVERSBUSCH DOPPELWACHHOLDER

Destillerie · Brennerei Eversbusch
Sorte · Kräuterbrand

Dieser Obstbrand aus Wacholder basiert auf einem 200 Jahre alten Rezept. Peter Christoph Eversbusch, der Ur-Ur-Ur-Großvater der heutigen Besitzer der Eversbusch-Destillerie, war als Soldat in den Napoleonischen Kriegen in den Niederlanden stationiert und brachte es von dort nach Deutschland. Der heutige Herstellungsprozess hat sich im Vergleich zu damals kaum verändert. Auch heute noch werden Rogendestillate und toskanische Wacholderbeeren in dem 1817 gebauten Destillierkolben aus Kupfer gebrannt. Die Destillerie ist heute ein Zeuge der Ereignisse des 20. Jahrhunderts, sie hat die Einführung der Kühltechnik in den Häusern der Nachbarschaft und viele andere Veränderungen seit dem Zweiten Weltkrieg gesehen.

Alkoholgehalt: 46 Vol.-%
Ort: Hagen, Deutschland
Gründung: 1780

ART IN THE AGE ROOT

Destillerie · Greenbar Craft Distillery
Sorte · Kräuterbrand

Im 18. Jahrhundert lehrten die Ureinwohner Nordamerikas die Siedler ihr traditionelles Rezept für Root Tea, der mit wilden Kräutern und Wurzeln hergestellt wurde. Karriere machte die alkoholfreie Version des Root Tea, die ironischerweise „Root Beer" getauft wurde, in der Prohibitionszeit. Art in the Age Root greift den ursprünglichen Root Tea als vollmundige Spirituose aus 100 Prozent biologischen Zutaten wieder auf. Dabei vereint der Likör historische Tradition mit der innovativen Destillierkunst von Art in the Age. Sein rustikal-rauchiger Geschmack mit aromatischen Anklängen von Birke, Vanille, Zitrus und Pfeffer versteht sich als Hommage an das Ethos amerikanischer Trinkkultur des Golden Age.

Alkoholgehalt: 40 Vol.-%
Ort: Philadelphia (PA), USA
Gründung: 2008

ART IN THE AGE™
ROOT
CERTIFIED ORGANIC NEUTRAL SPIRITS WITH NORTH AMERICAN HERBS AND PURE CANE SUGAR
80 PROOF
40% ALC/VOL
ORGANIC INGREDIENTS: Birch Bark, Smoked Black Tea, Cinnamon, Wintergreen, Spearmint, Clove, Anise, Orange, Lemon, Nutmeg, Allspice, Cardamom and Pure Cane Sugar.
This rustic spirit was inspired by a potent 18th century Pennsylvania folk recipe. It is an alcoholic version of what eventually evolved into Birch or Root Beer.
THE UNITY OF ART, CRAFT, DESIGN & CONTEMPLATION.
USDA ORGANIC
750 mL
ART IN THE AGE™
(ginger)
SNAP
CERTIFIED ORGANIC NEUTRAL SPIRITS WITH BLACKSTRAP MOLASSES, GINGER, AND NORTH AMERICAN SPICES.
80 PROOF
40% ALC/VOL
ORGANIC INGREDIENTS: Blackstrap Molasses, Clove, Brown Sugar, Cinnamon, Ginger, Nutmeg, Rooibos Tea, Vanilla and Pure Cane Sugar.
This unique spirit was inspired by a medieval recipe invented by German Monks in the 13th century. It is an alcoholic interpretation of what the Pennsylvania Dutch call "Lebkuchen," commonly known as the ginger snap.
THE UNITY OF ART, CRAFT, DESIGN & CONTEMPLATION.
USDA ORGANIC
750 mL

ART IN THE AGE
RHUBARB
(tea)
CERTIFIED ORGANIC NEUTRAL SPIRITS WITH RHUBARB & OTHER BOTANICALS NATIVE TO RURAL NORTH AMERICA.
80 PROOF
40% ALC/VOL
ORGANIC INGREDIENTS: Neutral Spirit, Rhubarb, Lemon, Beets, Carrots, Vanilla, Cardamom, Pink Peppercorn, Coriander and Petitgrain.
This singular spirit is based on an old Philadelphia recipe for Rhubarb Tea that began in the late 1700s when Benjamin Franklin first introduced rhubarb to America.
A delicious part of the organic experience is occasional sediment. Shake well before enjoying.
USDA ORGANIC
750 mL
ART IN THE AGE
SAGE
CERTIFIED ORGANIC NEUTRAL SPIRITS DISTILLED WITH NORTH AMERICAN GARDEN HERBS AND BOTANICALS.
80 PROOF
40% ALC/VOL
ORGANIC INGREDIENTS: Neutral Spirit, Elderberry, Pine, Black Tea, Rose, Dry Orange Peel, Cubeb, Angelica, Sage, Lavender, Spearmint, Dandelion, Thyme, Sumac, Rosemary, Licorice Root and Fennel
A vibrant garden spirit based on Bernard McMahon's "American Gardener's Calendar" first published in 1806. McMahon was Thomas Jefferson's gardening mentor.
A delicious part of the organic experience is occasional sediment. Shake well before enjoying.
USDA ORGANIC
750 mL

Der Rausch der Karibik

•

Seit der Einführung des Zuckerrohrs durch Kolumbus ist Rum aus der Karibik eigentlich nicht mehr wegzudenken. Während die vornehme Gesellschaft im Europa des 18. Jahrhunderts ihren Tee mit viel Zucker süßte, wurde aus den Resten der Zuckerproduktion Rum destilliert. Seefahrer transportierten und Piraten kaperten ihn. Eigentümer von Zuckerrohrplantagen wurden reich, während entführte Afrikaner als Sklaven ihre Freiheit und oft auch ihr Leben verloren. Rum tranken sie alle.

BUSTED BARREL SILVER RUM

Destillerie · Jersey Artisan Distilling
Sorte · Silver Rum

Als Destillierteam funktionieren die beiden prächtig, aber auch nur dort: „Würden wir zusammenleben, hätten wir uns vermutlich längst gegenseitig umgebracht", lacht die Juristin Krista Haley. Sie hatte nach einem Ausgleich zu ihrem Job gesucht und in Brant Braue einen risikofreudigen Komplizen gefunden, der ihre Rumaffinität teilte und nicht mal vor einer eigenen Destillerie zurückschreckte. Im August 2013 wurden die ersten Busted Barrel Silver Rums abgefüllt, hergestellt aus louisianischer Melasse. Zwei Monate später folgte Dark Rum, gereift in Fässern aus weißer Eiche, der an amerikanische Whiskeys erinnert und nach Vanille und Karamell schmeckt. Angestachelt durch jeweils eine Silbermedaille der New York Wine & Spirits Competition hat Jersey Artisan Distilling für die Zukunft auch aromatisierte Rumsorten, Gins und sogar Whiskeys geplant.

Alkoholgehalt: 40 Vol.-%
Ort: Fairfield (CT), USA
Gründung: 2013

CRUSOE ORGANIC SILVER RUM

Destillerie · Greenbar Craft Distillery
Sorte · Silver Rum

Obwohl Rum die meisten klassischen Cocktails versüßt, kann Greenbars silberner Rum auch in anderer Hinsicht ohne jeden Nachgeschmack genossen werden: Er wird in leichte Flaschen abgefüllt, die Label stammen aus recyceltem Material, für jede verkaufte Flasche wird ein Baum im Regenwald gepflanzt und die Destillerie erzeugt ihr Produkt zudem mit einer zertifizierten Negativ-Kohlenstoff-Emission. Nach der Fermentation der Melasse und der Weinhefe greift Greenbar auf eine besondere Mikro-Sauerstoffzufuhr zurück, die von kalifornischen Winzern genutzt wird. Als Resultat erhält man einen weißen Rum mit einem dichten, süßlichen Aroma und einem grasigen und karamelligen Abgang.

Alkoholgehalt: 40 Vol.-%
Ort: Los Angeles (CA), USA
Gründung: 2004

OWNEY'S RUM

Destillerie · The Noble Experiment NYC
Sorte · Silver Rum

Bevor es in Amerika Bourbon-Whiskey gab, war es die Produktion von Rum, die sich größter Beliebtheit erfreute. Diese Tradition hat durch Owney's NYC Rum eine Auffrischung erhalten. Die von unabhängigen Plantagen in Florida und Louisiana hergestellte Zuckerrohrmelasse wird dazu nach New York transportiert. Hier ist keine Eile vonnöten, denn Melasse hält sich geradezu ewig. Eigene Hefestämme und das New Yorker Wasser ergeben die lokale Handschrift. Und selbstverständlich wird der Rum auch ungelagert weiterverkauft. So wie es der echte Owney Madden – eine Figur aus der New Yorker Unterwelt zu Zeiten der Prohibition, der auch mit Rum zu hantieren wusste – wohl auch getan hätte.

Alkoholgehalt: 40 Vol.-%
Ort: Brooklyn (NY), USA
Gründung: 2012

CHALONG BAY RUM

Destillerie · Andaman Distillers
Sorte · Silver Rum

Der allererste Rum wurde im 17. Jahrhundert in der Karibik gebrannt – aus Zuckerrohr, das Christoph Kolumbus im Jahr 1493 auf die fruchtbare Inselgruppe gebracht hatte. In Südostasien allerdings wächst Zuckerrohr schon seit Jahrtausenden. Chalong Bay würdigt diesen Umstand mit einem Rum von der Ostküste Phukets. Aus einer traditionellen französischen Kupferbrennblase fließt der handwerklich gefertigte Rum mit frischen Zitrusnoten, Anklängen von Kokosmilch und Blütenhonig sowie Vanille- und Süßholzaromen. Durch den kompletten Verzicht auf industrielle Methoden gelingt Chalong Bay eine Hommage an den Rum in seiner ursprünglichen Form.

Alkoholgehalt: 40 Vol.-%
Ort: Phuket, Thailand
Gründung: 2012

Nine Leaves Distillery

Der Weg zum Rum – und Ruhm – führte Yoshihari Takeuchi über Autoteile, Handwerkskunst und Fügungen des Schicksals. Seit 2013 gehört ihm mit Nine Leaves die erste Rumdestillerie Japans. Takeuchi-san ist alleiniger Inhaber, Destillateur, Abfüller und Fahrer in Personalunion. Wenn er nicht gerade bei Nine Leaves arbeitet, ist er im familieneigenen Zulieferbetrieb für Autoteile tätig, der aus der Holzwerkstatt seines Großvaters erwuchs. Bis vor wenigen Jahren hatte Takeuchi-san von Destillation und von Rum keine Ahnung. Das sagt er selbst. Aber der Stolz auf Monozukuri, auf japanische Handwerkskunst, wird in der Familie gelebt. Nur reichte es Takeuchi-san nicht, Teile für Kupplungen herzustellen. Er träumte von einem Produkt, das komplett aus heimischen Zutaten bestehen würde. So beschloss er, Rum herzustellen, und machte sich sofort auf die Suche nach bestem Wasser, bestem Zuckerrohr und bester Handwerkskunst.

Die perfekte Quelle fand er in einer verlassenen Mine unweit des Biwa-Sees in der Präfektur Kyoto. Das dortige Wasser ist sehr weich und sehr rein. Bis Takeuchi-san die Erlaubnis bekam, in der Nähe der Quelle seine kleine Destillerie zu errichten, verging ein Jahr. Genug Zeit, um im Süden Japans auf den Okinawa-Inseln den besten Zucker, direkt gekocht aus frischem Zuckerrohrsaft, zu finden. Anders als andere Rumhersteller verwendet Yoshihari Takeuchi keine Melasse und auch keinen Zuckerrohrsaft, sondern dunklen Muscovado-Zucker – das offene Geheimnis seines Rums. Die Fermentation startet er mit einer japanischen Backhefe. Nur die Destillationsapparate bezieht er vom schottischen Hersteller Forsyths – auf Empfehlung von Ichiro Akuto, dem Gründer von Chichibu Whisky. In dessen Whisky-Manufaktur lernte Yoshihari Takeuchi in nur drei Tagen die Kunst des Destillierens.

Zurzeit bietet Takeuchi-san drei verschiedene Rumsorten an: Mit Nine Leaves Clear, einem zweifach destillierten weißen Rum, hat er gleich Silber in der Kategorie „Innovation de l'année" beim Rhum Fest Paris 2014 gewonnen. Nine Leaves Angel's Half French Oak Cask ist ein goldener Rum, der sechs Monate in französischen Eichenfässern lagern durfte. Nine Leaves Half American Oak Cask, ebenfalls ein goldener Rum, ist sechs Monate in amerikanischen Eichenfässern gereift. In Weinfässern aus dem kalifornischen Napa Valley reift darfüber hinaus derzeit ein brauner Rum. Wie Malt Whisky soll er mehr als drei Jahre lagern. Yoshihari Takeuchi bittet noch um etwas Geduld.

NINE LEAVES ANGEL'S HALF

Destillerie · Nine Leaves Distillery
Sorte · Gold Rum

Ein Automobilzulieferer von Toyota, der doch lieber Rum fabrizieren wollte. Das ist die Geschichte von Yoshihari Takeuchi. Zuckerrohr aus Okinawa wird in die Nähe von Kyoto transportiert. Dort erfolgt eine zweifache Destillation, wie es der wissbegierige Japaner einst in der Malt-Destillerie Chichibu gelernt hat. Takeuchi betont, dass er den abfließenden Alkohol geradezu pedantisch, alle 5 Minuten analysieren würde, um Fehltöne zu vermeiden. Der Meister kümmert sich auch persönlich um die Abfüllung und Nummerierung seiner flüssigen Schätze. Und wenn es die Zeit erlaubt, bringt er seinen Rum auch gleich zu den nahe gelegenen Händlern.

Alkoholgehalt: 50 Vol.-%
Ort: Shiga Präfektur, Japan
Gründung: 2013

MIKKELLER BREWERY RUM CASK BLACK

Destillerie · Braunstein Distillery
Sorte · Gold Rum

Mikkeller Spirits braut zwar weiterhin noch fleißig die ausgefallensten Biersorten, hat mit Mikkeller Spirits das Feld aber auf Spirituosen ausgedehnt. Dafür kooperiert die dänische Brauerei aber mit externen Destillerien. Für den Rum Cask Black mit 43 % arbeitet sie mit der Braunstein Distillery zusammen und wagte sich an das beinahe blasphemische Vorhaben, Bier zu destillieren. Dafür musste das 17,5-prozentige Stout Mikkeller Black herhalten: In kleinen Chargen führt der Weg durch den Kupferkessel in Rumfässer von der Karibikinsel St. Croix. Das Ergebnis ist ein „beer brandy", der den Hopfen- und Fruchtgeschmack herübergerettet hat und ihn durch die Süße und Geschmeidigkeit des Rum-Treatments vervollständigt. Und wer noch skeptisch ist: Die San Francisco World Spirit Competition hat ihn zweifach mit einer Goldmedaille ausgezeichnet.

Alkoholgehalt: 43 Vol.-%
Ort: Kopenhagen, Dänemark
Gründung: 2012

TRES HOMBRES RUM XVIII 2014

Destillerie · Aldea / Oliver & Oliver
Sorte · Gold Rum

Tres Hombres steht für drei fidele Abenteurer aus den Niederlanden und Österreich, die sich den Traum von nachhaltigen Atlantiktransporten erfüllen wollten. Also fassten sie sich ein Herz und erwarben ein altes Fischerboot, mit dem sie nun regelmäßig in See stechen. Fairer Handel und bloß keine Rohstoffverschwendung, dafür stehen die Tres Hombres. So auch bei diesem Rum aus der Dominikanischen Republik. Durch den Erfahrungsschatz alter kubanischer Brennmeister werden ältere und jüngere Zuckerrohrdestillate aus dem von der Sherryproduktion bekannten Solera-Verfahren miteinander vermengt und mit bloßer Windkraft nach Europa gebracht. Keine Emissionen, keine Kompromisse.

Alkoholgehalt: 40,7 Vol.-%
Ort: La Palma & Dominikanische Republik
Gründung: 2010

SIMON'S KÖNIGLICH-BAYRISCHER-MARINE RUM

Destillerie · Feinbrennerei Simon's
Sorte · Gold Rum

Die Porträtzeichnung auf dem Flaschenetikett erinnert an den Mann, der den Grundstein für die Feinbrennerei Simon legte. 1879 erwarb Johann Simon das Brennrecht für das Hofgut im bayerischen Spessart. Heute führt sein Ururenkel Severin die Tradition fort und befeuert die Destillerien nach wie vor mit Brennholz aus dem eigenen Wald. Und doch wagte er sich auf ganz neues Terrain und erfüllte sich den Herzenswunsch, einen eigenen deutschen Rum zu produzieren. Da Zuckerrohr in Europa nicht wächst, wich er auf eine Möglichkeit aus, die seinen Urgroßvater sicher beeindruckt hätte: Per Segelfrachter wird die benötigte Zuckerrohrmelasse von der Karibik über den Atlantik geschippert. Während seiner Reifung in Fässern aus Spessarteiche hat der weitgereiste Rum Zeit, heimisch zu werden.

Alkoholgehalt: 40 Vol.-%
Ort: Alzenau, Deutschland
Gründung: 1879

KŌLOA KAUA'I SPICE RUM

Destillerie · Kōloa Rum Company
Sorte · Gold Rum

Was genau die Gewürzmischung des Kaua'i Spice Rum enthält, darüber schweigt die Kōloa Rum Company. Der goldfarbene Rum verströmt den Duft von Gewürzkuchen, Karamell und Vanille und gewann auf der San Francisco World Spirit Competition bereits eine Silbermedaille. Seit 2008 existiert die Destillerie auf der Insel Kaua'i, die auf eine fast 200-jährige Rumtradition zurückblickt. Eine der entscheidenden Zutaten ist das besondere Wasser: abgeregnet auf dem 1500 Meter hohen Berg Wai'ale'ale, wird es von vulkanischen Schichten gefiltert und nutzbar gemacht. „Das perfekte Mundgefühl", bescheinigen die Macher dem Wasser, „das gemeinsam mit dem Zuckerrohr den köstlichen Rum ausmacht".

Alkoholgehalt: 44 Vol.-%
Ort: Kaua'i (HI), USA
Gründung: 2008

Tres Hombres

Wenn in den Häfen der Karibik die Rumfässer in den Holzbauch der Tres Hombres verladen werden, versammeln sich viele Schaulustige mit sehnsüchtigen Blicken am Kai. Die romantische Schonerbrigg schippert von der Karibik über den Atlantik nach Europa und wieder zurück und ist in jedem Hafen ein Hingucker. Der Frachtsegler ist Botschafter einer neuen klimaneutralen Handelsschifffahrt, die ihre Ladung völlig motor- und emissionsfrei über die Meere bringt, allein vom Wind angetrieben und oft mit einer edlen Fracht an Bord: Rum.

Die drei namensgebenden Männer, Andreas Lackner, Arjen van der Veen und Jorne Langelaan – also die „tres hombres" der Unternehmung, zwei Niederländer und ein Österreicher – haben sich natürlich auf hoher See kennengelernt. Während eines Transatlantiktörns entstand die Idee eines Frachtseglers als umweltfreundliche Alternative zu den riesigen Containerschiffen von heute. Bis es soweit war, verging einige Zeit. 2008 wurde der 60 Jahre alte Kriegsfischkutter erworben und mithilfe von begeisterten Unterstützern in unzähligen Arbeitsstunden zu einem motorlosen Zweimaster umgebaut.

Seit 2010 transportiert die Tres Hombres im Stil der ehemaligen Schmuggler ganz besondere Rum-Editionen nach Europa. Mannschaft und Schiff trotzen auf hoher See bis zu 2 Monaten den Elementen, um die kostbare Fracht sicher und heil in den Heimathafen Den Haag zu bringen. Unter dem Namen Tres Hombres wird der erste klimaneutral transportierte Rum abgefüllt und auf dem europäischen Markt vertrieben. Vier Reisen hat die Tres Hombres mittlerweile hinter sich gebracht und ihre wachsende Fangemeinde mit dem Rum namhafter Destillateure von der Dominikanischen Republik und den Kanarischen Inseln versorgt. 14 Fässer ergeben zirka 4500 Flaschen Tres Hombres Rum. Ist er ausverkauft, muss man auf die Rückkehr der Tres Hombres warten. Oder man bucht einen der Trainee-Plätze an Bord und wird Teil des Abenteuers.

KŌ HANA HAWAIIAN AGRICOLE RUM

Destillerie · Manulele Distillery / Kō Hana Distillery
Sorte · Rhum Agricole

Die Besonderheit des Agricole Rum ist, dass er nicht aus Melasse, sondern aus frisch gepresstem Zuckerrohrsaft gewonnen wird. Robert Dawson, Gründer der Kō Hana Distillery auf Hawaii, hatte sich mit Zuckerrohranbau jahrelang beschäftigt. Die alten Sorten der Insel, die den Hybridmischungen zum Opfer fielen, ließ er wieder aufleben und rund um seine Destillerie anpflanzen. Dass sie störrischer und anfälliger sind und sich nur von Hand ernten lassen, ist der Preis für die individuellen Geschmacksnoten, die jede Sorte von der anderen unterscheidet. Geerntet wird auf dem Höhepunkt der geschmacklichen Reife. Der innerhalb von 48 Stunden gepresste sortenreine Saft wird dann mit Kakaohefe fermentiert, einmal destilliert, und während der White Rum schon in die formschönen Flaschen wandert, bräunt sich der Dark Rum noch im Eichenfass.

Alkoholgehalt: 40 Vol.-%
Ort: Kunia (HI), USA
Gründung: 2011

ST. GEORGE CALIFORNIA AGRICOLE RUM

Destillerie · St. George Spirits
Sorte · Rhum Agricole

Im Jahr 1982 gründete Jörg Rupf die Destillerie St. George Spirits in einem stillgelegten Hangar – der Ausgangspunkt für den deutschen Pionier des amerikanischen Craft-Spirits-Revivals. Für den California Agricole Rum wird ausschließlich kalifornisches Zuckerrohr von Hand gemahlen. Der frische Saft wird fermentiert und in kleinen Chargen in einer Kupferbrennblase zu einem Rum destilliert, dessen pflanzliche Aromen an nasses Gras und Trüffel erinnern. Die gereifte Variante, der California Reserve Agricole Rum, lagert vier Jahre in französischer Eiche, die für eine mildere Grasnote und eine gesunde Würze sorgt.

Alkoholgehalt: 43 Vol.-%
Ort: Alameda (CA), USA
Gründung: 1982

RHUM VIEUX AGRICOLE BRUT DE FÛT 2003

Destillerie · La Distillerie Bielle
Sorte · Rhum Agricole

Wie Gott muss sich Kolumbus gefühlt haben, als er die Kleinen Antillen 1493 umschipperte und nach Gutdünken mit Namen versah. Die beinahe kugelrunde Insel Marie-Galante südlich von Guadeloupe benannte er nach seinem Segelschiff. Schon 150 Jahre nach deren Entdeckung bauten die ersten französischen Siedler hier Zuckerrohr an, und seit dem 18. Jahrhundert wird mehr als alles andere weißer und brauner Rum produziert. Familie Bielle bewirtschaftete zu dem Zeitpunkt eine Kaffeeplantage, schwenkte dann aber auf Zucker- und schließlich Rumproduktion um. Inzwischen ist die Destillerie nicht mehr in Gründerhand, wird aber immer noch nach altbewährter Technik betrieben. Der ungefilterte Brut de Fût 2003 aus frisch gepresstem Zuckerrohrsaft ist nach achtjähriger Reifung abgefüllt und spielt mit süßen, bitteren und pfefferigen Noten.

Alkoholgehalt: 53,4 Vol.-%
Ort: Grand-Bourg, Guadeloupe
Gründung: 1910

MEERMAID INFUSED RUM

Destillerie · Meermaid Infused Rum
Sorte · Flavoured Rum

Die Idee zu einem eigenen aromatisierten Rum kam Stefan Walz hinter dem Tresen des Tabou Tiki Room in Berlin, wo er als Miteigentümer die verschiedensten Rums aus aller Welt servierte. Trotz deren großer Vielfalt vermisste Walz einen handgefertigten aromatisierten Rum zum fairen Preis. Sein Meermaid Infused Rum basiert auf zwei Pot Still Rums aus Trinidad und Jamaica, die zwei Wochen lang zusammen mit 17 natürlichen Zutaten durchziehen. Die frischen Früchte, getrockneten Fruchtschalen und Gewürze werden einzeln und zeitgenau hinzugegeben und entfernt. Exotisches Ergebnis ist ein individueller Spiced Rum der Extraklasse.

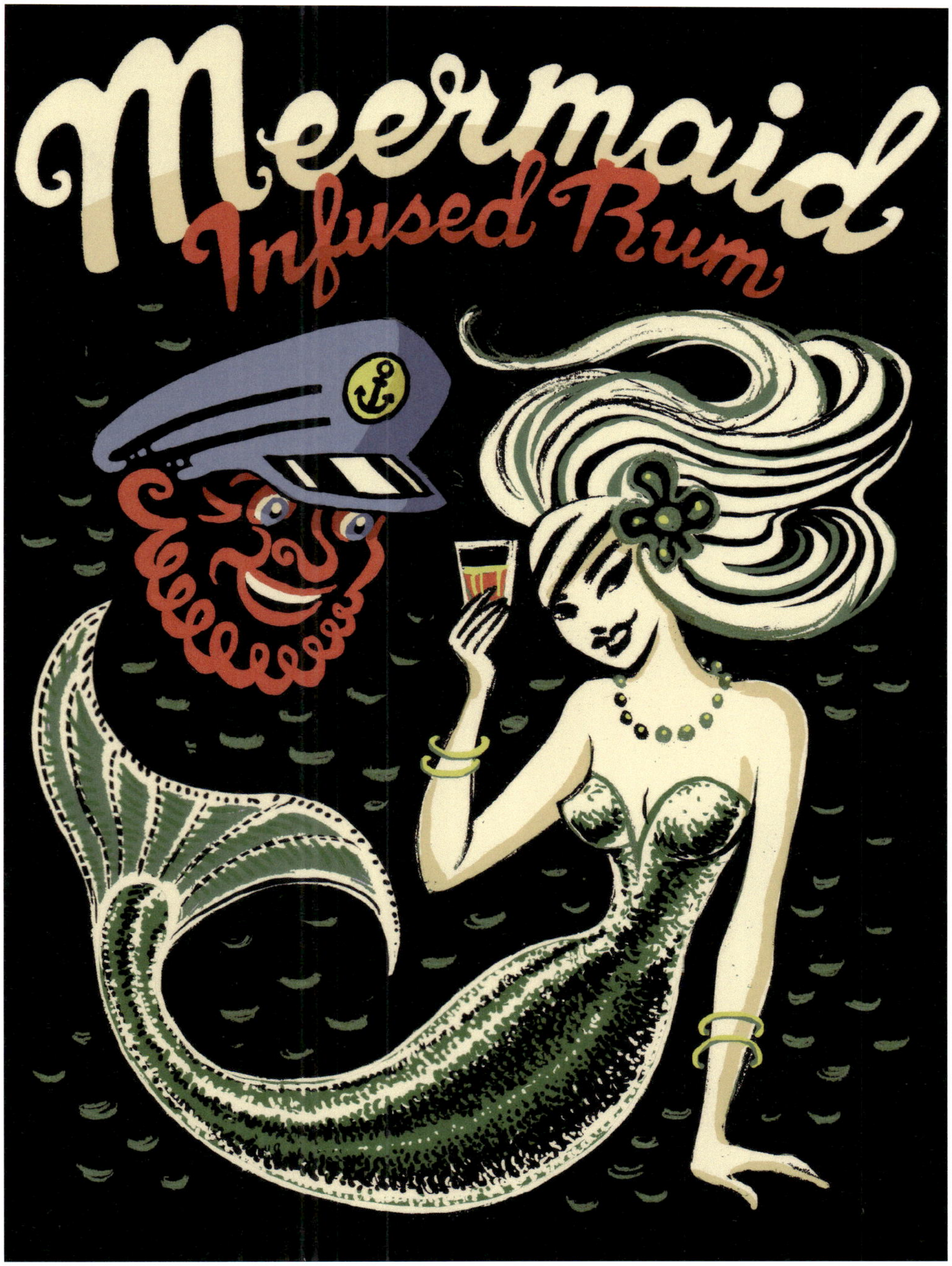

Alkoholgehalt: 40 Vol.-%
Ort: Berlin, Deutschland
Gründung: 2013

KAUAI · HAWAII
THE ORIGINAL
KŌLOA
KAUA`I GOLD
HAWAIIAN RUM
RAMA · HAWAII
DISTILLED AND BLENDED ON
THE GARDEN ISLAND OF KAUAI
HISTORY IN THE MAKING
40% ALC/VOL (80 PROOF

Kōloa Rum Company

Kaua'i, auch die Garteninsel genannt, ist zwar nicht die bekannteste, aber die älteste Insel von Hawaii. Wann genau polynesische Ureinwanderer das Zuckerrohr mitbrachten und auf Kaua'i anpflanzten, ist nicht ganz sicher. Sicher ist jedoch, dass Zuckerrohr auf Hawaii schon lange angebaut wurde, als der britische Captain James Cook 1778 zufällig auf die Inselgruppe im Pazifik stieß. Nach der offiziellen „Entdeckung" Hawaiis durch die westliche Welt dauerte es nicht lange, bis Missionare, Abenteurer und Unternehmer sich zu den Inseln aufmachten, um dort neuen Geschäften nachzugehen. Schnell wurde der Anbau von Zuckerrohr zu einem der wichtigsten Wirtschaftsfaktoren auf dem fruchtbaren Kaua'i. Schnell lernten die Arbeiter auf den Plantagen, wie man aus Melasse, dem klebrigen Überbleibsel der Zuckerproduktion, ein hochprozentiges Destillat namens Rum gewinnen konnte.

Die Kōloa Rum Company wurde 2008 als erste und einzige Destillerie der Insel gegründet, um trotz des generellen Niedergangs der Zuckerrohrindustrie einen kleinen Teil des historischen Wirtschaftszweigs zu erhalten und aus dem heimischen Zuckerrohr ein nachhaltiges Premiumprodukt zu gewinnen. Gebrannt wird in kleinen Chargen in einem Kupferkessel der Liberty Coppersmiths aus Philadelphia, Pennsylvania von 1947. Der Erfolg hat nicht lange auf sich warten lassen. Der zweifach destillierte Rum aus kristallisiertem Rohrohrzucker und den reinen Wassern vom Mount Wai'ale'ale, einem der regenreichsten Gebiete der Welt, wurde bereits wenige Jahre nach der ersten Abfüllung mehrfach ausgezeichnet. Die ungealterten Sorten White, Gold und Dark der Kōloa Rum Company werden ergänzt durch die ebenfalls bereits ausgezeichnete Sorte Coconut Rum, eine geschmackliche Hommage an Hawaii und seine Natur.

KŌLOA KAUA'I DARK RUM

Destillerie · Kōloa Rum Company
Sorte · Dark Rum

Nur eine einzige zugelassene Rum-Brennerei befindet sich auf der hawaiianischen Insel Kaua'i, unweit der Stadt Kalaheo: Die Kōloa Rum Company will die Gerüche und Geschmäcker der immerwarmen Gegend einfangen. Kaua'i Dark Rum verbindet Kaffee- und Melassenuancen mit Noten von braunem Zucker, Vanille, gerösteten Nüssen, Zuckerwatte und verbrannter Orangenschale. Er hat schon vier Goldmedaillen beim Miami Rum Renaissance Festival gewonnen. Zweimal wird jeder Rum destilliert: in einem Destillierapparat der Firma Liberty Coppersmiths aus Philadelphia von 1947. Ein echtes Vintageteil, das natürlich auf den neuesten Stand gebracht wurde.

Alkoholgehalt: 40 Vol.-%
Ort: Kaua'i (HI), USA
Gründung: 2008

ROGGEN'S RUM

Destillerie · Tuthilltown Spirits
Sorte · Dark Rum

Roggen's Rum. Ein Roggen-Whiskey mit Rum verschnitten? Nein, vielmehr eine Hommage an das Schweizer Brüderpaar Roggen, die vor langer Zeit ins Hudson-Tal gezogen waren. Dort angekommen, hielten sie sich unter anderem mit dem Handel von Rum über Wasser. In Zusammenarbeit mit Historikern der Hugenottengesellschaft hat sich die Tuthilltown-Destillerie nun an den einmaligen Nachbau der Rum-Stilistik aus jener Zeit herangewagt. Melasse aus Louisiana wird zweifach destilliert und anschließend in einem Mix aus neuen wie gebrauchten Eichenholzfässern gereift. Der Rum bleibt komplett frei von Zuckercouleur oder anderen Aromenzusätzen. Ein waschechter Zeitzeuge eben.

Alkoholgehalt: 46 Vol.-%
Ort: Los Angeles (CA), USA
Gründung: 2003

AVUÁ CACHAÇA AVUÁ PRATA CACHAÇA

Destillerie · Fazenda da Quinta
Sorte · Cachaça

In der Fazenda da Quinta, einer familiengeführten Destillerie im brasilianischen Hinterland, hat man sich voll und ganz der brasilianischen Nationalspirituose Cachaça verschrieben. Fern vom hektischen Treiben Rio de Janeiros wird das von Hand geerntete Zuckerrohr in aller Ruhe eingemaischt. Die natürlichen Hefekulturen der Umgebung schaffen den Grundwein, der anschließend in einem Kupferkessel destilliert wird. Selbst danach bekommt der Avuá Prata noch sechs Monate Zeit, um sich von den Strapazen der Destillation zu erholen. Eile mit Weile. Die bedachte Herstellung deckt sich mit dem gängigen Brasilien-Bild von Sonne, Strand und Palmen – und natürlich dem eines herrlich erfrischenden Caipirinha.

Alkoholgehalt: 42 Vol.-%
Ort: Carmo, Brasilien
Gründung: 2013

Avuá Cachaça

Marco und Roberto sind auf der Fazenda da Quinta für das Pflügen der Zuckerrohrfelder zuständig. Der Einsatz der beiden Ochsen ist ein Teil der Maßnahmen, die Katia Espírito Santo auf ihrer Fazenda für eine nachhaltige und naturnahe Cachaça-Produktion ergreift.

Die Inhaberin der traditionsreichen Zuckerrohrplantage und Destillerie in Carmo ist eine der wenigen weiblichen Destillateure Brasiliens und legt Wert auf Handarbeit. Wie zu Zeiten ihres Großvaters Francisco Alves, der die Fazenda im Jahr 1923 gekauft hat, wird das Zuckerrohr hier noch heute von Hand geerntet, gebündelt und von einer wasserbetriebenen Walze gepresst.

Die Bagasse (so die Bezeichnung der Pressreste) wird an die beiden Ochsen verfüttert oder zum Heizen der Kupferkessel in der Destillerie benutzt. Der frisch gepresste Zuckerrohrsaft fängt sofort an, blubbernd zu gären. Wilde Hefen lassen innerhalb von 24 Stunden genug Alkohol (ca. 15 – 18 Vol.-%) entstehen, um mit der Destillation beginnen zu können.

In den von Katia Espírito Santo destillierten Cachaça kommt nur Zuckerrohr aus eigenem Anbau. Wie gute Weine haben die Destillate der Fazenda da Quinta „terroir" und sind von Jahrgang zu Jahrgang unterschiedlich. Sonnenstunden und Regenfälle spielen auch für die Geschmacksnuancen des Zuckerrohrs und damit des handwerklich hergestellten Cachaça eine große Rolle. Cachaça-Profis können anhand der Nase und der Aromen des Destillats bestimmen, welche Zuckerrohrsorten zur Herstellung verwendet wurden und auf welchen Böden sie gewachsen sind.

Neben ihrer eigenen Marke füllt Katia Espírito Santo für den Export Avuá Cachaça auf ihrer Fazenda ab. Selbstverständlich von Hand. Avuá ist die Idee dreier US-amerikanischer Freunde, Pete Nevenglosky, Nathan Whitehouse und Mark Christou, die sich nicht damit abfinden konnten, in ihrem Heimatland keinen guten handwerklich hergestellten Cachaça kaufen zu können. Jetzt importieren sie eben selber zwei Sorten: den leicht grasigen Avuá Prata Cachaça, der vor der Abfüllung einige Monate in Edelstahlfässern ruht, und den würzigeren Avuá Amburana Cachaça, der zwei Jahre in Fässern aus lateinamerikanischem Amburana-Holz reift.

Der Geist aus Mexico weht um die Welt

•

Fast genau 100 Jahre, nachdem sich Tequila während der mexikanischen Revolution von einer belächelten Spirituose für Arme zu einem patriotischen Nationalgetränk entwickelt hat, wird auch der große in Vergessenheit geratene Bruder Mezcal wiederentdeckt. Hoffentlich wird dem Mezcal nicht dasselbe Schicksal als industriell hergestellte Spirituose bereitet, wie es dem Tequila widerfahren ist.

Mezcal

•

Das Wort Mezcal stammt aus einer der einheimischen Sprachen Mexikos und bedeutet „gekochte Agave". Anders als sein enger Verwandter Tequila ist der Mezcal von industrieller Produktion bis vor wenigen Jahren weitestgehend unberührt geblieben und wird bis heute durch ziemlich harte Handarbeit in kleinen und kleinsten Mengen hergestellt.

Quasi aus dem Nichts kommend hat Mezcal sich in wenigen Jahren mit seinen vielschichtigen, rauchigen, erdverbundenen Aromen einen Platz in den Herzen der Bartender und Spirituosen-Liebhaber erobert. Begleitet wird der Siegeszug des mexikanischen Agavenbrands von bildgewaltigen Reportagen über seine traditionelle Herstellung: Männer mit Macheten und Äxten bei der Ernte, qualmende Feuerstellen, Mahlwerke mit Mauleselantrieb, blubbernde Fermentationsbottiche und getöpferte Destillationsgefäße in palmblattbedeckten Hütten. In Zeiten kollektiver Ursprungssehnsucht übertrumpft Mezcal auf einmal spielend seinen übermächtigen kleinen Bruder, den durchindustrialisierten Tequila, als neuer Liebling aus Mexiko. Angesichts seiner plötzlichen Beliebtheit kann man auch als Kenner der Szene schon mal ins Grübeln kommen: Was kann Mezcal eigentlich wirklich? Und wo ist er nur so lange gewesen?

Der nach seiner Hauptstadt benannte mexikanische Bundesstaat Oaxaca gilt als das Herz der Mezcalproduktion. Hier ist die Artenvielfalt der Agaven, von den Mexikanern Maguey genannt, besonders hoch. Von den über 200 in Mexiko beheimateten Agavensorten werden mehr als 30 für die Mezcalproduktion eingesetzt. Seltenere Arten werden meist wild gesammelt, andere wie zum Beispiel die Sorte Espadín werden schon seit Generationen angebaut. Unterhalb pinienbewachsener Berghänge, auf den steinigen Böden sonniger Täler und heißer Ebenen wachsen sie wild oder von Menschenhand in endlosen Reihen gezogen und sind seit Jahrtausenden ein Teil der mittelamerikanischen Landschaft. Die Geschichte der Menschen in Mexiko ist eng mit der Nutzung der Agaven verbunden. Kleidung, Werkzeug, Baumaterial, Nahrung und alkoholhaltige Getränke haben schon die Ureinwohner Mexikos aus den dornigen Pflanzen mit den langen fleischigen Blättern gewonnen.

Es ist nicht ganz klar, ob destillierter Mezcal in Mexiko schon vor der Eroberung durch die Spanier produziert wurde, obwohl einige archäologische Funde von Agaven-Kochstellen dafür

sprechen. Eventuell wurden die Magueys auch einfach zu einer Art Wein fermentiert. Sicher ist, dass die Spanier auf ihrem Eroberungszug eine fortschrittlichere Technik des Destillierens nach Mittel- und Südamerika mitbrachten, die ihnen wiederum seit der Eroberung Spaniens durch die Araber vertraut war. Was sie ebenfalls mitbrachten, war die Angewohnheit, in vielen Lebenslagen größere Mengen an hochprozentigem Aguardiente zu trinken. Das hat die Produktion und Verbreitung von Mezcal nicht unwesentlich vorangebracht.

Das Destillieren mit Kesseln und Wasserkühlung scheint aber auch der einzige technische Fortschritt zu sein, den die Herstellung von Mezcal seit der Ankunft der Spanier erfahren hat.

Wie wenige andere Spirituosen auf der Welt ist Mezcal auf das Engste verwoben mit dem Terroir seiner Heimat und mit den Bräuchen und Riten der Menschen, die ihn herstellen. Die Maestros Mezcaleros, die Meisterbrenner, geben ihr jahrhundertealtes Wissen von Generation zu Generation weiter und werden oft als lokale Berühmtheiten verehrt.

Die Maestros Mezcaleros überwachen die Produktion von handwerklich hergestelltem Mezcal traditionell vom Anfang bis zum Ende. Ein entscheidender Faktor für die Qualität des Destillats ist gleich zu Beginn der Herstellung der richtige Zeitpunkt der Ernte. Bis eine Agave, vom Zeitpunkt der Aussaat an gerechnet, ihre Erntereife erreicht hat, vergehen mindestens 6 bis 8 Jahre. Dann steht die Pflanze kurz vor der Geschlechtsreife und hat in ihrem Kern die größtmögliche Menge an Kohlenhydraten angesammelt. Unreife Agaven ergeben einen schwachen Mezcal. Die Ernte selbst ist echte Knochenarbeit. Mit ultrascharfen Macheten und Äxten werden die harten Blätter rund um das Herz des Magueys abgehackt. Übrig bleibt der zirka 50 bis 80 Kilogramm schwere Kern der Pflanze, der wegen seines ananasartigen Aussehens Piña genannt wird. Die Piña wird aus dem Boden gehebelt und mit dem Rest der Ernte zum Palenque, der örtlichen Destillerie, gebracht – je nach Stand der Technik mit Eseln, ochsengezogenen Wagen oder Pick-ups.

Danach werden die Agavenherzen „gekocht". Eigentlich ist das Verfahren eher eine Mischung aus Dämpfen und Räuchern. In einem tiefen Erdloch werden dicke Holzstämme heimischer Baumsorten verkohlt und mit dicken Steinen belegt. Auf die heißen Steine werden wiederum die Piñas zu einem Haufen geschichtet und mit Agavenfasern, Palmblättern und Erde bedeckt. Mindestens drei Tage bleiben die Piñas auf dem heißen Ofenloch liegen. In dieser Zeit verändern sich nicht nur die in den Agavenherzen vorhandenen Polysaccharide zu fermentierfreundlichem Zucker, durch den Rauch wird auch das Aroma des künftigen Destillats ganz wesentlich beeinflusst. Wenn die vorher weißen Magueys karamellig braun geworden sind, ist der Kochvorgang beendet.

Die abgekühlten Magueys werden klein gehackt und entweder von Hand gestampft oder mit einem von Pferden angetriebenen Mahlstein zu einem flüssigen Brei zermahlen. Zur Fermentation werden Saft, Fruchtfleisch und Wasser in große Bottiche aus Holz oder Leder gefüllt. Ausschließlich wilde Hefen und Bakterien bringen die Mischung zum Blubbern und Gären. Hört das Blubbern auf, wird die bittere, saure Flüssigkeit mit den festen Bestandteilen zum ersten Mal destilliert, je nach Stand der Technik in handbefeuerten Tongefäßen oder Kupferkesseln. Wie oft destilliert werden muss, um die vorgeschriebenen 45 bis 55 Prozent Alkoholgehalt

und das gewünschte Aroma zu erreichen, entscheidet der Maestro Mezcalero. Mithilfe einer einfachen Technik überprüft er kontinuierlich die Qualität des Brandes. Durch ein Rohr saugt er den Mezcal mit dem Mund an und lässt ihn dann in ein flaches irdenes Gefäß plätschern. Dabei entstehen feine perlige Blasen, aus deren Struktur und Konsistenz er den Alkoholgehalt und die Güte des Mezcals ablesen kann. Ein erfahrener Maestro Mezcalero kann aus dem Duft und dem Geschmack des Destillats den gesamten Herstellungsprozess erkennen: Welche Agavensorten verwendet wurden, ob die Ernte zum richtig Zeitpunkt erfolgt ist, welcher Art der Kochvorgang war, wie lange fermentiert und wie oft destilliert wurde.

Auch wenn es in Holzfässern gelagerten Mezcal im Handel gibt (Reposado und Añejo), sind viele Kenner der Ansicht, dass ungelagerter, frisch abgefüllter Mezcal am authentischsten schmeckt und die Holznoten aus dem Fass, anders als bei Whisky oder Rum, der komplexen Geschmacksintensität von handwerklich hergestelltem Mezcal eigentlich nur schaden können. Seine erdigen, rauchigen Noten bieten Bartendern aus aller Welt Anlass zur Kreation neuer aufregender Cocktails. Doch wenn man der Seele des Mezcals auf den Grund gehen möchte, gibt es nur eine Art, ihn zu trinken: pur.

TOBALÁ MEZCAL

Destillerie · Del Maguey
Sorte · Mezcal Joven

Je nach Agavensorte und je nachdem, an welchem Ort und in welcher Höhe die Agave gewachsen ist, entstehen die unterschiedlichsten Mezcals in der mexikanischen Region Oaxaca. Die Marke Del Maguey arbeitet mit den familienbetriebenen Mezcalbrennereien der einzelnen Ortschaften zusammen, bietet faire Löhne und hat das ganze menschenmögliche Spektrum des Mezcalgeschmacks im Programm. Eine ihrer Spezialitäten wird aus Tobalá-Agaven hergestellt. Die wilde Sorte wächst wie Trüffel unter Eichen, allerdings bevorzugt auf hochgelegenen Canyons. Sie ist kleiner als die viel gebräuchlichere Sorte Espadín – achtmal so viel Fruchtfleisch wird zur Herstellung eines Mezcals gebraucht. Wasser ist die einzige weitere Zutat dieses beinahe alchemistischen Rezeptes, das aus einem stacheligen Gewächs die fruchtigsten Mango- und Zimtnoten hervorlockt.

Alkoholgehalt: 45 Vol.-%
Ort: Oaxaca, Mexiko
Gründung: 1995

REPOSADO CON GUSANO

Destillerie · Wahaka Mezcal
Sorte · Mezcal Reposado

Die in einem Dörfchen von Oaxaca beheimatete Familie von Alberto Morales Mendez fertigt bereits seit über fünf Generationen Mezcal. Im Gegensatz zum Tequila können für diesen verschiedenste Agavensorten herangezogen werden. Im Reposado con Gusano wird Espadín verarbeitet. Diese Sorte gedeiht auf eigenen Feldern und kann von Mendez erst nach 7 bis 10 Jahren geerntet werden. Über fünf Tage hinweg werden die Pflanzen zunächst in ausgehobenen Erdgruben über Pinienholz gedämpft. Die Fermentation erfolgt ausschließlich mit Naturhefen in offenen Behältern, die Destillation ist zweifach. Am Ende kommt noch ein Gusano in die Flasche. Hierbei handelt es sich um eine im Alkohol konservierte Schmetterlingsraupe. Eigengeschmack inklusive.

Alkoholgehalt: 40 Vol.-%
Ort: San Dionisio Ocotepec, Mexiko
Gründung: 2010

MEZCAL LOS DANZANTES REPOSADO

Destillerie · Destilería Los Danzantes
Sorte · Mezcal Reposado

1997 eröffneten Los Danzantes, eine Gruppe von Gastronomen, eine Mezcal-Destillerie in Santiago Matatlán, Oaxaca mit dem Ziel, einen handgemachten Mezcal für ihre Restaurants herzustellen. Warten ist Teil des aufwendigen Herstellungsprozesses. Ehe die Agaven erblühen – das ist der Startschuss für die Produktion – vergehen zehn Jahre. Mithilfe eines Mühlsteins und des Pferdes Sanson wird die Ernte zermanscht, die dann im Erdofen gedämpft wird, bevor man schließlich den langen natürlichen Gärprozess abwartet: „Um die Leute und die Hefe bei Laune zu halten, spielen wir so lange Banda-Musik", berichten die Danzantes. Das ist eine wichtige Zutat der Mezcales, die es in Form von Espadín Joven, Tobalá Joven, oder fassgereift als Reposado und Añejo gibt. Ein paar Experimente mit wilden Agavensorten, Kräutern und kreolischem Huhn sind auch im Programm.

Alkoholgehalt: 43 Vol.-%
Ort: Santiago Matatlán, Mexiko
Gründung: 1997

LOS AMANTES MEZCAL REPOSADO

Destillerie · Los Amantes
Sorte · Mezcal Reposado

Los Amantes verweist auf die antike Aztekensage von der Göttin Mayahuel, die auch als Göttin der Agave gilt. Der Mezcal wird von Familien und kleinen Destillerien in Oaxaca hergestellt. Man beginnt mit den Piñas, den Früchten von acht Jahre alten Tobalá- und Espadín-Agavenpflanzen: Sie werden extrahiert, in kegelförmigen Gruben für drei Tage geräuchert, fermentiert und zwei- oder dreimal in Kupfergefäßen destilliert. Sorten wie Reposado und Añejo werden für drei Jahre und sechs Monate gelagert. Innerhalb dieses Verarbeitungsprozesses entfaltet der Mezcal seinen ausbalancierten Geschmack mit einem frischen Zitrusaroma.

Alkoholgehalt: 40 Vol.-%
Ort: Tlacolula de Matamoros, Mexiko
Gründung: 2002

FIDENCIO MEZCAL PECHUGA

Destillerie · Fabrica de Mezcal del Amigo
Sorte · Mezcal Joven Pechuga

Die Familie Jimenez brennt ihren Fidencio Pechuga nach den traditionellen Methoden der Region Santiago Matatlán. Bei Neumond schlägt die Geburtsstunde des Pechuga: Dann findet die Agavenernte statt, die ein jedes Mal unterschiedlich ausfällt. Mit der Axt werden die Agavenherzen zerkleinert und anschließend in einem steingesäumten Erdofen gekocht. Wichtiger Mitarbeiter ist das Familienpferd Rocio, das einen schweren Rosenquarz über die gekochte Masse zieht. Der so gewonnene Saft wird fermentiert und dreifach mit mazerierten Früchten destilliert. In der Brennblase hängt dabei die „pechuga", die Hühnerbrust. Von ihr sagt man, dass sie die Ecken des Mezcal weich und rund schleife. Der vollmundige Pechuga überzeugt mit kräftiger Fruchtnote und leichtem Wildaroma.

Alkoholgehalt: 47,3 Vol.-%
Ort: Santiago Matatlán, Mexiko
Gründung: 1888

REAL MINERO PECHUGA

Destillerie · Real Minero Mezcal
Sorte · Mezcal Joven Pechuga

„Produktion" wäre eine viel zu profane Bezeichnung für die Zeremonie, aus der die Mezcales der Familie Ángeles hervorgehen. Don Lorenzo, das Oberhaupt, erntet dafür die wildwachsenden Exemplare der Agavensorten Espadín, Largo, Barril, Tobalá, Arroqueño und Tobaciche. Nach einem Rezept, das nun schon in vierter Generation angewendet wird, kochen, fermentieren und destillieren die Ángeles ihre Agaven unter regelmäßigem Einsatz eines Holzkreuzes, das jeden Schritt mit einer Segnung besiegelt. Damit diese auch wirkt, leistet Lorenzo bei der Selektion nach dem mehrtägigen Kochvorgang im Erdofen saubere und sättigende Vorarbeit: Jede einzelne Piña wird von ihm auf ihren Geschmack überprüft. Nach der Destillation in Tongefäßen füllt und beschriftet Doña Florentina die Mezcalflaschen von Hand.

Alkoholgehalt: 50 Vol.-%
Ort: Santa Catarina Minas, Mexiko
Gründung: 1889

MEZCAL
SANZEKAN
SEGUIMOS JUNTOS
CAPÓN
100% AGAVE CUPREATA
BENIGNO
MAESTRO MEZCALERO
MEZCAL JOVEN
GUERRERO

Mezcal Sanzekan

Über Jahrhunderte hinweg, von Generation zu Generation, wird in Mexiko das Wissen über die handwerkliche Herstellung von Mezcal weitergegeben. Mit Mezcal werden die Götter gnädig gestimmt, die Toten geehrt, Hochzeiten gesegnet und Ernten gefeiert. Jede Region hat ihre eigenen Riten und Traditionen, die fast immer eine der lokalen Agavensorte zum Bestandteil haben. In der Region Chilapan des mexikanischen Bundesstaates Guerrero ist das die Agave Cupreata, die von der indigenen Bevölkerung „Maguey Papalote" genannt wird. Die Agave mit den dicken, etwas eiförmigen Blättern gedeiht hier an felsigen Hängen in 1500 bis 2000 Meter Höhe. Seit der Mezcal verstärkt internationale Aufmerksamkeit erhält, wächst sogar in diesen entlegenen Bergregionen Mexikos der Druck auf Landwirte und Maestros Mezcaleros, die langsam wachsende Pflanze zu ernten und an industriell arbeitende Mezcal-Produzenten zu verkaufen. Das bringt zwar kurzfristig ein wenig Geld, aber langfristig bleibt keine „Papalote" für den eigenen Bedarf und die eigene Vermarktung des Mezcals übrig.

Um ihre eigene Position zu stärken, haben sich die Bewohner von Chilapan zu einer Kooperative namens Sanzekan Timeni zusammengeschlossen. Sanzekan Timeni, das heißt auf Aztekisch „Gemeinsam Vorwärts". 20 Maestros Mezcaleros sind Mitglied der Kooperative, verleihen dem Mezcal Sanzekan ihr Gesicht und bekräftigen das Statement von Sanzekan Timeni: „Weder Maguey noch Mezcal haben einen Sinn ohne unsere Menschen und unsere Kultur. Deswegen stellen wir immer sicher, dass die Einnahmen aus unseren Produkten ihren Weg zurückfinden zu den Gemeinschaften, die unsere Traditionen bewahren."

MEZCALOTECA
DENOMINACION
DE ORIGEN:
Destilados de maguey
TEQUILA, VARIEDAD AZUL DE AGAVE TEQUILIANA
MEZCAL, VARIAS ESPECIES DEL GENERO AGA
BACANORA, AGAVE ANGUSTIFOLI
CAMINERA

Mezcaloteca

Im alten Stadtkern von Oaxaca liegt die Mezcaloteca, eine Pilgerstätte für Freunde des Mezcals auf den Spuren seiner Geschichte und handwerklicher Produktion. In den Räumen des gemeinnützigen Kulturvereins treffen sich neugierige Weltenbummler und wissbegierige Spirituosenliebhaber, um bei Tastings und Schulungen mehr über den wahren Geist des Mezcals zu erfahren. Dem Team des Kulturvereins liegt vor allem eines am Herzen: der Respekt vor dem Mezcal, seiner Rolle in der mexikanischen Kultur und vor den Maestros Mezcaleros, die ihn nach traditionellen Verfahren für ihre örtlichen Gemeinschaften herstellen. In der Mezcaloteca werden nur Mezcals ausgeschenkt, die strengen Auswahlkriterien entsprechen und den handwerklichen und geschmacklichen Traditionen ihrer Ursprungsregion folgen. Während die Grundschritte in der Mezcalproduktion stets gleich bleiben – auf die Ernte der Agavenherzen folgen das Kochen im Erdofen – der „palenque" – und das Zerkleinern, die natürliche Fermentation und schließlich die Destillation. Der Alkoholgehalt eines Mezcal beträgt mindestens 45 Prozent. Je nach Dauer der Lagerung tragen Mezcals den Zusatz „Joven", „Reposado" oder „Añejo". Wenn ein Maestro Mezcalero mit der Mezcalproduktion beginnt, ist die Spirituose für eine Feier, ein Ritual oder Festessen der örtlichen Gemeinschaft seiner Herkunft bestimmt. Ein Teil seiner Produktion wird also immer schon dort verzehrt und nicht frei verkauft. Jeder Mezcal ist limitiert, einzigartig und nicht reproduzierbar. Um diese Qualitätsmerkmale zu garantieren, trägt jeder traditionelle Mezcal in der Mezcaloteca den Namen seines Herkunftsortes und des Maestro Mezcalero, der ihn hergestellt hat.

MEZCALOTECA
FICHA SENSORIAL
L C Smith & Corona Typewriters Inc
OM
OC
FM
AM-FM
TELEFUNKEN
STEREO

10
DESTILADOS DE AGAVE
Y MEZCALES TRADICIONALES
DE
LA MEZCALOTECA
Sociedad Mexicana para la Conservación y Difusión
de Destilados de Agave y Mezcales Tradicionales, A.C
WWW.LAMEZCALOTECA.COM
Reforma No. 506, Col. Centro, Oaxaca de Juarez,
Oaxaca C.P 68000 RFC LM101010A
Maestro Mezcalero Juan Vázquez
Estado Oaxaca
Población Miahuatlan
Maguey(es) empleado(s) Tobala
(agave potatorum)
Tipo de horno Horno cónico de tierra
Tipo de molienda Molino de piedra
Tipo de tina de fermentación Madera de sabino
Tipo de destilador Alambique de cobre
Número de destilaciones 2
Ajuste de la riqueza alcohólica Puntas y corazón
Fecha de destilación Mayo 2010
Riqueza alcohólica 52% Alc. Vol.
Litros producidos 200 L
Lote 05-10
Número de botella 01/100
Cont. Net 750 ml.
Marca comercial A punto de Venena
Número de socio 00010
HECHO EN MEXICO
ENVASADO DE ORIGEN
EL ABUSO EN EL CONSUMO DE ESTE PRODUCTO ES NOCIVO PARA LA SALUD
4000 ml.

MEZCALOTECA
MEZCALOTECA

MEZCALOTECA
BIBLIOGRAFIA
MICHOACAN
LA MEZCALOTECA
WWW.LAMEZCALOTECA.COM

CLASE AZUL AÑEJO TEQUILA

Destillerie · Clase Azul Spirits
Sorte · Tequila Añejo

Die Ursprünge der vier Clase-Azul-Tequilas liegen im Hochland von Jalisco, in dem die blaue Weber-Agave wächst. Ist sie reif, wird ihr Herz drei Tage lang im traditionellen Steinofen gekocht. Durch Mahlen wird der wertvolle Saft gewonnen, anschließend fermentiert und zweifach destilliert. Besonderes Merkmal von Clase Azul sind die aufwendigen Behältnisse, die eigens für den Tequila von lokalen Glas- und Keramikkünstlern gefertigt werden. Während der ungereifte Plata in einer klaren Flasche mit blauem Boden verkauft wird, präsentiert sich der Reposado in einer weißen Keramikflasche mit handgemalten Akzenten in Agavenform. Das Gefäß des Añejo bezaubert als mexikanisch-europäischer Culture Clash aus unlasiertem mexikanischen Ton, westlichen Emailletechniken und wertvollen Edelmetallen wie Platin, Silber und Gold. Absolutes Highlight ist der fünf Jahre im Sherryfass gereifte Clase Azul Ultra, der mit seinem 24-karätigen Goldlabel die Riege der Luxustequilas anführt und als begehrte Sammlerspirituose gilt.

Alkoholgehalt: 40 Vol.-%
Ort: Jesús Maria, Mexiko
Gründung: 2001

SUERTE TEQUILA BLANCO

Destillerie · Tequilera Simbolo
Sorte · Tequila Blanco

Eine jede Spirituose hat ihren Gründungsmythos. In Bezug auf Tequila gibt es so einige Geschichten, deren Wahrheitsgehalt man niemals wirklich wird beweisen können. Laurence Spiewak und Lance Sokol von Suerte haben die Erzählung von dem Hasen aufgegriffen, der sich an leicht angegorenem Agavennektar beschwipst haben soll. Daran hätten die Menschen erkannt, dass Agaven durchaus einen nützlichen Zweck erfüllen können. Bei Suerte Tequila, jener Marke mit dem markanten Hasenmuster, werden die Agaven behutsam für 52 Stunden in Öfen gekocht und mittels eines großen Steinrads, genannt Tahona, gemahlen. Anschließend erfolgen Fermentation, Destillation sowie die Lagerung des Blancos für zwei Monate in fest verriegelten Stahltanks. Garantiert hasenfrei.

Alkoholgehalt: 40 Vol.-%
Ort: Atotonilco El Alto, Mexiko
Gründung: 2012

ARTENOM SELECCIÓN DE 1146 AÑEJO

Destillerie · Las Joyas del Agave
Sorte · Tequila Añejo

Las Joyas del Agave zelebriert die regionale Spezialität der Blue Weber Agave aus Atotonilco El Alto mit seinem Añejo Tequila von 1146, der auf 1689 Meter über dem Meeresspiegel hergestellt wird. Bewirtschaftet wird das Gebiet von Arquitecto Enrique Fonseca, einem Bauern und Meisterbrenner der fünften Generation. In dieser Höhe schmeckt die Agave nicht nur trockener, der Geschmack als solcher ist von einer höheren Komplexität. Der Tequila altert zwei oder drei Jahre in Fässern aus französischer Eiche und für ein weiteres Jahr unter der Haube von Fässern aus amerikanischer Weißeiche. Dieser Prozess produziert die gewünschte Balance von nussigen, cremigen und würzigen Aromen mit einer Note von Mandel, Karamell und Vanille.

Alkoholgehalt: 40 Vol.-%
Ort: Atotonilco El Alto, Mexiko
Gründung: 1954

CASA DRAGONES JOVEN SIPPING TEQUILA

Destillerie · Destilería Leyros
Sorte · Tequila Joven

Casa Dragones ist das Unternehmen von Bertha González Nieves, der ersten Frau mit dem Titel „Maestra Tequilera", und Bob Pittman, einem der Gründer von MTV. Ihr einziges Produkt, der Casa Dragones Joven Sipping Tequila, wird in kleinen Chargen destilliert und ist ausdrücklich dafür konzipiert worden, pur genossen zu werden. Dazu wird dem ungereiften Platinum Tequila vor der Abfüllung eine geheime Menge an bereits gereiftem Extra Añejo hinzugefügt. Das Ergebnis ist ein außergewöhnlicher hundertprozentiger Blue Agave Joven Tequila, der für seinen einzigartigen Geschmack in Kennerkreisen viel Lob erhalten hat.

Alkoholgehalt: 40 Vol.-%
Ort: Tequila, Mexiko
Gründung: 2008

Gin
160

Am Anfang war die Beere

•

Im 16. Jahrhundert wurden die kleinen Früchte des Gemeinen Wacholders in den Niederlanden von einem findigen Apotheker dem traditionellen Getreideschnaps als Medizin beigemischt. Die Oranier brachten diese „Medizin" ins britische Königreich, das ihr sofort verfiel und den neu getauften Gin mittels seiner Armee und seiner Navy um die ganze Welt verbreitete.

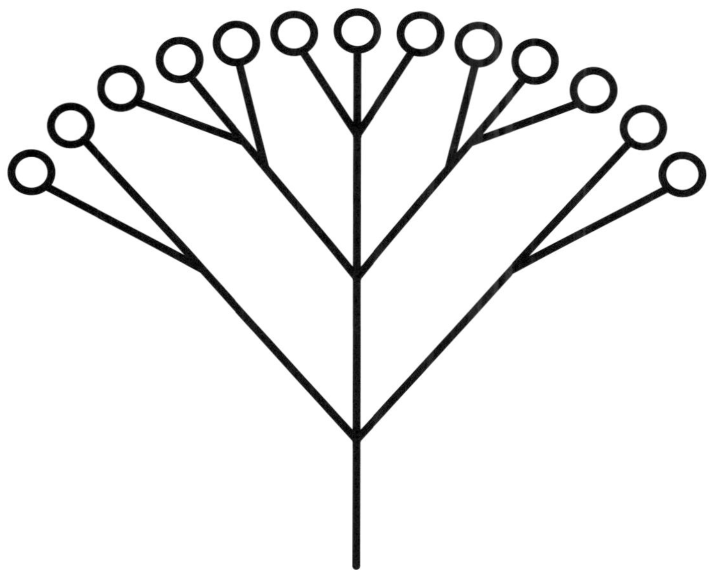

Gin

•

Ein Spirituosen-Klassiker mit wechselhafter Geschichte: Vom aromatisierten Branntwein bis zum Überflieger in den letzten Jahren war es ein langer Weg für den Gin. Er hat eine beispiellose Karriere hingelegt, die – fast immer – bergauf ging.

Keine andere Spirituose kann auf eine vergleichbar wechselhafte und dynamische Geschichte zurückblicken wie unser heutiger Gin. Während sich bei der Herstellung von beispielsweise Rum, Aquavit, Whisky, Cognac oder Absinth zumindest in den Grundtechniken und Basisrezepturen seit ihrer Entstehung kaum etwas verändert hat, können wir im Hinblick auf die Evolution des Gins in den letzten acht Jahrhunderten stetige Veränderungen in punkto Zusammensetzung, Destillationstechnik, sensorische Ausprägung, Anwendung et cetera beobachten.

Die Geschichte der Wacholderspirituosen und damit auch des Gins beginnt viel früher als in den üblichen Entstehungslegenden beschrieben – und zwar in den mittelalterlichen Klöstern Mittel- und Südeuropas. Denn neben Wermutkraut, Anis, Fenchel und Kümmel, wie beim Absinth oder Aquavit, wurde vor allem die hocharomatische Frucht des Wacholderstrauchs und deren ätherisches Öl zur Aromatisierung minderwertigen Branntweins eingesetzt, dessen fuselige Bestandteile auf diese Weise übertönt und damit trinkbar wurden. Es entstand ein Vorläufer des Wacholdergeistes.

Um 1650 schließlich entwickelte Franz de la Boë, Professor der Medizin an der Universität Leiden in den Niederlanden, die Rezeptur des Ur-„Genever" („Jenever"), eines kommerziell ausgerichteten alkoholischen Getränks, das unter anderem durch die Destillation von Wacholderbeeren (fläm.: „Jeneverbes", lat.: „juniperus communis") hergestellt wurde.

Aufgrund der stark gemütserhellenden Nebenwirkungen begeisterten sich schnell die Massen für den Genever, der in den niederländischen Provinzen große Popularität erlangte, sich zu einer ersten hochprozentigen Massendroge entwickelte und auch in den königlich-niederländischen Armeen gerne zur Verbesserung der Truppenmoral eingesetzt wurde.

Dies bekamen auch die Seeleute der britischen Flotte zu spüren, die sich während der holländisch-englischen Kriege um die Vorherrschaft auf den Weltmeeren die brutale, mutige und aufopferungsvolle Moral der zahlenmäßig hoffnungslos unterlegenen holländischen Soldaten nur durch den Mythos eines „Wundertranks" – nämlich des großzügig rationierten „Jenevers"

auf holländischen Schlachtschiffen – erklären konnten. Es wurde legendär und folgerichtig adaptierten englische Soldaten das Rezept dieser sogenannten „Dutch courage" und brachsten die Idee eines eigenen Genevers nach England.

Im England des frühen 18. Jahrhunderts, begünstigt durch Wilhelm III. von Oranien, eines Niederländers auf dem englischen Thron, wurde der holländische „Jenever" schnell zu „Gin" verkürzt und trat einen unvergleichlichen Siegeszug durch alle Gesellschaftsschichten an. Im Jahr 1736 war die Gin-Produktion in England sechsmal höher als die Produktion von Bier! Als Gin wurde zu dieser Zeit allerdings jeglicher gebrannter Alkohol bezeichnet – der Begriff „Gin" wurde zum Synonym für „Schnaps" schlechthin. Die Situation mündete in einen derartigen Hype, dass in einem fatalen Sommer in der zweiten Hälfte des 18. Jahrhunderts das gesamte in London und Umgebung geerntete Getreide für die Destillation von Kornbranntwein zur Gin-Herstellung aufgebraucht wurde und somit für die Bevölkerung kein Brot mehr gebacken werden konnte, was eine schlimme Hungerkatastrophe auslöste.

Im Jahr 1740, einem ersten Höhepunkt des „Gin Craze", eskalierte der Konsum von Gin in England so gewaltig, dass König Georg II. verschiedene restriktive Gesetze gegen den Konsum und den Vertrieb von Gin erließ und gleichzeitig die Branntweinhersteller zur Gewährleistung einer höheren Qualität des Branntweins verpflichtete, um die Volksgesundheit zu verbessern. Es folgten aber noch weitere „Gin Acts" und diverse Perioden, in denen die Herstellung von Gin gänzlich verboten wurde.

All dies geschah vor dem Hintergrund, dass ein schlecht gebrannter Fusel immer noch unbedenklicher zu trinken war als das verdreckte Wasser der Themse! (Was übrigens eine Parallele zur Konjunktur des Absinths im Paris des ausgehenden 19. Jahrhunderts nahelegt.)

Um 1761 eroberte dann der „Old Tom Gin" den Markt, ein mit Zucker und verschiedenen botanischen Zutaten versetzter Gin. Dabei sollten die in dieser Gin-Variation eingesetzten Geschmacksstoffe, vor allem Zucker, lediglich den schlechten Geschmack des minderwertigen Fusels überdecken, auf dessen Basis „Old Tom" destilliert wurde. Progressive Destillerien erkannten das Potenzial eines qualitativ hochwertigen alkoholischen Getränks und begannen mit einer kontinuierlichen Verbesserung der Rezepturen.

Es ist nicht gesichert, welche Herstellerfirmen die ersten Gin-Rezepturen erarbeitet haben, die in etwa unserem heutigen Verständnis eines Gins entsprechen. Jedoch hat die Erfindung der „column still", der Kolonnenbrennerei (mit Verstärker), durch den Iren Aeneas Coffey um 1831 maßgeblich zur Ausrichtung hin zu einem deutlich saubereren Gin ohne Kornbrand- oder Weinbrandbeigeschmack, dem sogenannten „Dry Gin", beigetragen. Heute wird der Begriff „Dry Gin" nur für authentische Destillate, basierend auf der Mazeration von pflanzlichen Zutaten, benutzt. Industriell aus Essenzen und künstlichen Aromen hergestellte Produkte, sogenannte „Cold-Compoundings", dürfen diese Bezeichnung nicht verwenden – auch wenn hier innerhalb der globalen Spirituosenindustrie sehr viel Schindluder getrieben wird.

Der moderne Gin

In den 1860er-Jahren erkannte Jerry Thomas, ein progressiver und kreativer Barkeeper aus San Francisco, das Potenzial des Gins für seinen Barbetrieb und erfand eine Vielzahl heute berühmter Cocktails. So erblickten „Martinez", „Gin Sling", „Tom Collins" und „Gin Fizz" das Licht der Welt. Diese Cocktails jedoch waren nur die Vorhut für den klassischen Gin Tonic, eines der erfolgreichsten Mixgetränke der Welt, das seine Entstehung einer weiteren Entdeckung verdankte: m von Hand einzutragen. Korrekt auf Deutsch wäre: Man erkannte, dass ein Wirkstoff aus der Rinde des südamerikanischen Chinarindenbaums („quina-quina", in der Sprache Quechua die „Rinde der Rinden"), nämlich das Chinin, präventiv vor Malaria schützte. Und da die Malaria große Teile der englischen Kolonialtruppen in Südostasien dahinraffte, stand die Frage im Raum, wie man den Soldaten das extrem bittere Chinin verabreichen und schmackhaft machen konnte.

Die geniale Lösung bot 1870 die britische Firma Schweppes an und führte „Indian Tonic Water", eine mit Chinin versetzte Limonade, auf dem Weltmarkt ein. Es wurde während der englischen Kolonialfeldzüge in Indien und Ostasien schnell zu einem Renner – vor allem in der glorreichen Mischung mit Gin, aus der unser aller Liebling „Gin Tonic" entstand.

Durch den Siegeszug des Gin Tonic in den britischen Kolonien und den sich ständig verbessernden Zugang zu exotischen Gewürzen veränderten sich auch die Rezepturen der Gin-Herstellung, dessen Zutaten an diese neue Hauptnutzung in Verbindung mit Tonic Water angepasst und erweitert wurden. Eine größer werdende Zahl von exotischen Kräutern und Gewürzen wurde in die traditionelle Genever-Rezeptur integriert und veränderte die geschmackliche Komplexität des Gins. Das Ende des 19. Jahrhunderts ist somit die Geburtsstunde des modernen Gins, der für weitere Höhenflüge der englischen Trinkkultur sorgte.

1896 erfand Thomas Stuart im berühmten Hotel „The Savoy" in London den echten „Dry Martini"-Cocktail, dem bald darauf weitere berühmte Mixgetränke wie der „Singapore Gin Sling" (1915) und der „Gin Gimlet" (1928) folgen sollten.

Danach wurde es allerdings für ein paar Jahrzehnte ruhiger um die Gin-Cocktail-Kultur. Die Prohibition, die Wirtschaftskrise an der Wall Street und nicht zuletzt der Zweite Weltkrieg hielten die Nachfrage nach Cocktails niedrig – bis schließlich ein gewisser Mr. Bond, James Bond, im Film „Dr. No" um einen „Vodka Martini" bittet ... billig, minderwertig, aber höchst erfolgreich. Es handelte sich hier um eines der ersten und erfolgreichsten Product-Placements in der Filmgeschichte. Wer genau hinschaut, kann leicht erkennen, welche Wodka-Marke hinter diesem genialen Schachzug stand, die eine eher dunkle Phase der Barkultur nach sich ziehen sollte.

Another Gin Craze

Seit den 1990er-Jahren war Gin aber erneut in aller Munde und erkämpfte sich langsam, aber sicher wieder eine führende Position unter den weißen Hochprozentigen zurück. Zunächst wurden viele große Hersteller zu Markenzeichen der internationalen Barkultur; diese industriellen Produkte haben mit „Destillaten" nicht mehr viele Gemeinsamkeiten, sie werden meist „cold compounded", also durch eine „kalte" Zugabe von Aromaessenzen in Ethylalkohol hergestellt, billig, eindimensional und flach, sodass tatsächlich von Hand destillierte und aromatisch ausgeprägte Gins zu Beginn des 21. Jahrhunderts praktisch ausgestorben waren.

Für handwerkliche Destillateure stand Gin daher zunächst überhaupt nicht auf dem Plan. Dies änderte sich aber 2008 schlagartig, als einige kleine Brennereien, vor allem in Deutschland und England, damit begannen, sich wieder den handwerklichen Techniken der Mazeration, Perkolation und Destillation von pflanzlichen Zutaten, sogenannten Botanicals, zuzuwenden und neue, hocharomatische, wirklich destillierte Gins herzustellen. Die ersten Protagonisten dieser „New Western Style Gins" (wobei mir nicht so ganz schlüssig ist, wie der Begriff „Western" hier zu deuten sein soll) öffneten nicht nur der globalen Barszene und den Genusstrinkern die Augen, sondern lösten einen unglaublichen Boom sowohl innerhalb der Spirituosenindustrie als auch der Craft-Spirits-Bewegung aus. Weltweit entstanden tausende neue Gins, sowohl mit eher klassischer Ausprägung, als auch mit völlig neuen Geschmacksrichtungen und Zutaten. (Christoph Keller)

PARLOUR GIN

Destillerie · Eau Claire Distillery
Sorte · London Dry Gin

Dievor den Toren Calgarys beheimatete Eau Claire Destillery hat ihr Zuhause in einem alten Gebäude aus den 1920er-Jahren. Damals wurden an diesem Ort noch Kinofilme gezeigt, es wurde Lokalpolitik betrieben oder zum Tanz geladen. Der Gin mit dem klingenden Namen Parlour soll an jene Tage erinnern, als der gesellschaftliche Austausch noch mehrheitlich in sogenannten Besucherzimmern betrieben wurde. Gerste regionaler Herkunft wird mit Gin-erprobten Zutaten wie Wacholder, Koriander oder Orangenschalen angereichert. Hinzu kommen noch nordamerikanische Rosengewächse, Hagebutte wie auch ein wenig Ingwerschärfe. In dieser Kombination ist das Getränk als konversationsförderndes Mittel durchaus erwünscht.

Alkoholgehalt: 40 Vol.-%
Ort: Turner Valley (AB), Canada
Gründung: 2014

BROKEN HEART GIN

Destillerie · Broken Heart Spirits
Sorte · London Dry Gin

Der neuseeländische Broken Heart Gin versteht sich als liebevoller Epilog auf die besondere Freundschaft zwischen den deutschen Destillateuren Jörg Henkenhaf und Bernd Schnabel. Nach Bernds frühem Tod taten sich Jörg und Bernds Partnerin Annie zusammen, um dem gemeinsamen Freund in der Form seiner Lieblingsspirituose ein Denkmal zu setzen. Der Gin schmeckt frisch und lässt Zitrone und Rosmarin erahnen. Mit Quellwasser wird das Destillat auf Trinkstärke gebracht, für das Aroma sorgen elf Botanicals aus biologischem Anbau. Der Gin, der in Jörgs Destillerie in Cromwell gebrannt und in aufwendig gestalteten Flaschen mit Trompe l'Œil-Label verkauft wird, hat bereits mehrere internationale Awards gewonnen – ein echter Freundschaftsbeweis.

Alkoholgehalt: 40 Vol.-%
Ort: Arrowtown, Neuseeland
Gründung: 2012

NB GIN

Destillerie · NB Distillery Limited
Sorte · London Dry Gin

Mit einer Mischung aus trotzigem Festhalten an der Tradition, Liebe fürs Exzentrische und einem unnachgiebigen Streben nach außergewöhnlicher Qualität haben Steve und Viv Muir mit dem NB Gin ein außergewöhnliches Produkt geschaffen. Ihr Haus in East Lothian an der schottischen Küste haben sie in ein Labor verwandelt. In einer kupfernen Carter-Head-Brennblase wird dort reiner britischer Agraralkohol mit sieben Pflanzenextrakten durchtränkt. In einem Durchgang werden nur kleine Mengen von 100 Litern hergestellt, die von Hand gemischt, abgefüllt und etikettiert werden. Mittlerweile hat der Gin Auszeichnungen von weltweit anerkannten Experten gewonnen, unter anderem von Charles Maxwell, dem Nachkommen der traditionsreichen Familie der Thames-Destillerie.

Alkoholgehalt: 42 Vol.-%
Ort: North Berwick, Großbritannien
Gründung: 2013

KUR GIN

Destillerie · Wildwood Spirits
Sorte · London Dry Gin

Erik Liedholm ist examinierter Sommelier und kann sich einen Masterabschluss als Destillateur ans Revers heften. Aber nicht nur graue Theorie, sondern vor allen Dingen preisgekrönte Tropfen entstehen in seinem Kopf. Seine Destillerie in Bothell, Washington State, bezieht 90 Prozent der Zutaten für Gin und Wodka von Bauernhöfen aus der direkten Umgebung. „Kur", nach dem Vorbild des London Dry Gin, hat 2014 am laufenden Band Goldmedaillen eingeheimst. Hergestellt wird er aus rotem Washingtoner Weizen, der die Wacholdernoten sowie den Geschmack der Sevilla-Orangen und der Äpfel aus Liedholms Garten auf besondere Art abrundet. Als wohltuend darf man einen Schnaps zwar offiziell nicht bezeichnen, aber der Name – gesprochen wie das englische „cure" – verrät, dass ein Schlückchen davon wirklich guttun kann.

Alkoholgehalt: 40 Vol.-%
Ort: Bothell, USA
Gründung: 2013

SIPSMITH LONDON DRY GIN

Destillerie · Sipsmith Distillery
Sorte · London Dry Gin

Sipsmiths klassischer London Dry Gin beruht auf zehn sorgfältig ausgewählten Pflanzenextrakten aus der ganzen Welt – mazedonischem Kriechwacholder, bulgarischem Koriander, belgischem Engelwurz, italienischer Veilchenwurzel, chinesischem Zimtkassie, madagaskanischem Zimt und spanischer Lakritze sowie Erdmandel, Orange und Limonenschale. Die Destillerie – Londons erste neue Kupferbrennblase seit 200 Jahren – steht in Prudence. Das maßgefertigte Design umfasst einen Kessel, einen Carter-Head und einen gewöhnlichen Hohlkörper. Sipsmiths Schlehen-Gin durchläuft aber noch einen weiteren Schritt: über die Wintermonate ruht er auf wilden Schlehdornbeeren, um dort seine ausbalancierte Süße mit Spuren von schwarzer Johannisbeere zu entwickeln.

Alkoholgehalt: 29 Vol.-%
Ort: London, Großbritannien
Gründung: 2008

SIDERIT DRY GIN

Destillerie · Destilería Siderit
Sorte · London Dry Gin

Spanien gilt nicht umsonst als das Mutterland der Wiederentdeckung der Gin-Tonic-Kultur. Nicht immer muss dabei der Gin aus dem Ausland importiert werden, denn zunehmend mischen auch lokale Produzenten auf diesem Markt mit. Ein Beispiel hierfür ist Gin Siderit, der in einer filigranen Glasapparatur hergestellt wird. Ein Roggendestillat wird mit einer Vielzahl von Kräutern, Früchten und Gewürzen vermengt. Darunter befinden sich unter anderem spanische Mandeln, jamaikanischer Hibiskus oder pinker Pfeffer. Und in den angesagten Bars in Barcelona, Ibiza oder Madrid hat man bestimmt schon den idealen Tonic-Begleiter für diesen Gin gefunden.

Alkoholgehalt: 43 Vol.-%
Ort: Cantabria, Spanien
Gründung: 2013

ADLER BERLIN DRY GIN

Destillerie · Preussische Spirituosen Manufaktur
Sorte · Dry Gin

Die Rezeptur von Adler Berlin Dry Gin lässt den sensorischen Gesamteindruck ganz klassisch von der Wacholderbeere bestimmen und verwendet als Alkoholgrundlage ein bereits 6 Monate abgelagertes Weizenfeindestillat. Die subtil komponierte Gewürzmischung aus Lavendel- und Orangenblüte, Meisterwurzel, Ingwer, Koriander, Angelikasamen, Baldrianwurzel, Zitronenschale, Hopfendolde, Alantwurzel, Piment, Bisamkörnern und Bertramwurzel trägt das Aroma der Wacholderbeere und verleiht ihm große Nachhaltigkeit im Geschmack. Die zweistufige Destillation erfolgt in einer 1952 gefertigten Vakuumdestillationsapparatur der Gebrüder Daniel & Kluge aus Berlin-Reinickendorf. Danach wird der Gin drei bis sechs Monate in über 100 Jahre alten Steingutgefäßen gelagert, was die Aromen des Gin perfekt ausbalanciert.

Alkoholgehalt: 42 Vol.-%
Ort: Berlin, Deutschland
Gründung: 1874

REISETBAUER BLUE GIN

Destillerie · Reisetbauer Qualitätsbrand
Sorte · Dry Gin

Während der Erntezeit seiner 13.000 Williamsbirnbäume schlägt Hans Reisetbauer sein Lager in der Brennerei bei Linz auf. Und die Birne ist bei Weitem nicht die einzige Obstsorte, die er zu preisgekrönten Destillaten verfeinert. Aber man sagt, selbst im Schlaf verlasse ihn seine Intuition für den perfekten Brennzeitpunkt nicht. Für die ruhigeren Phasen im frühen Jahr zwischen den Obsternten hat Reisetbauer einen Dry Gin entwickelt. Grundlage ist oberösterreichischer Mulan-Weizen, der im schonenden Pot-Still-Verfahren insgesamt dreimal destilliert wird. Vor dem letzten Durchgang werden 27 Botanicals aus 14 Ländern per Mazeration herausgelöst, diedem Gin einen frischen, zitronig-würzigen Geschmack verleihen, der selbst im Heimatland des Gins schon prämiert wurde.

Alkoholgehalt: 40 Vol.-%
Ort: Axberg, Österreich
Gründung: 1994

MARDER GIN

Destillerie · Brennerei Marder Edelbrände
Sorte · Dry Gin

Die Teilnahme an Prämierungen spart sich die Privatbrennerei Marder, die im Südschwarzwald in dritter Generation destilliert: „Da haben wir schon alles gewonnen, was es zu gewinnen gibt", resümiert Edmund Marder. Mittlerweile hat dessen Sohn Stefan die Leitung des Familienbetriebs übernommen und mit einem Marder-Gin etwas neuen Wind in die obstbetonte Brennerei gebracht. Bis der Gin allerdings seinem Gusto entsprach, brauchte es eineinhalb Jahre Probierzeit mit über 80 Versuchen. Ein sauberer, mehrfach destillierter und mit Quellwasser angereicherter Dry Gin ist es geworden – ein frischer, sehr Bergamotte-zitrischer 43-Prozentiger mit eher dezentem Wacholdergeschmack, Lavendel im Gaumen und Lakritz im Nachgeschmack.

Alkoholgehalt: 43 Vol.-%
Ort: Albbruck-Unteralpfen, Deutschland
Gründung: 1953

HERNÖ
NAVY STRENGTH GIN

Destillerie · Hernö Gin Distillery
Sorte · Dry Gin

Navy Strength Gin hat traditionell ein Alkoholgehalt von 57 Prozent. Bei dieser Quote konnten die Seemänner ganz einfach feststellen, ob die ihnen täglich zustehende Gin-Ration zu verwässert war: Der Gin wurde auf Zündpulver geträufelt. Wenn das Pulver zündete, war der Gin gut. Hernö Gin wird aus acht bio-zertifizierten Botanicals hergestellt: Wacholder aus Ungarn, Koriandersamen aus Bulgarien, handgeschälten Zitronen, schwedischen Preiselbeeren, Mädesüß aus Großbritannien, schwarzem Pfeffer aus Indien, Zimtkassie aus Indonesien und frischer Vanille aus Madagaskar. Der hohe Alkoholgehalt des Hernö Navy Strength Gin bringt die Aromen seiner ausgewählten Zutaten besonders gut zur Geltung.

Alkoholgehalt: 57 Vol.-%
Ort: Dala, Schweden
Gründung: 2011

JENSEN'S
BERMONDSEY DRY GIN

Destillerie · Bermondsey Distillery
Sorte · Dry Gin

Einen Gin, so speziell, wie er in den 1920er-Jahren schmeckte, wollte Christian Jensen selbst herstellen. In den Genuss eines Gins der alten Sorte kam er auf einer Geschäftsreise nach Japan – damals noch als hauptberuflicher IT-Experte. Zurück in London tüftelte und recherchierte er, bis er irgendwann den ausgewogenen Geschmack des Wacholders und die perfekte seidige Textur traf. Dann hatte er sich eigentlich zurücklehnen wollen, um Gin Martinis ganz nach seinem Anspruch und zu Hause genießen zu können, wenn sich nicht in kürzester Zeit seine Brennkunst herumgesprochen hätte. Unter backsteinernen Eisenbahnbögen im Londoner Stadtteil Bermondsey produziert Jensen den Bermondsey Dry Gin in maßgeschneiderten Destillierapparaten seit 2004 auch für andere Gin-Liebhaber.

Alkoholgehalt: 43 Vol.-%
Ort: London, Großbritannien
Gründung: 2004

GIN EVA

Destillerie · Eva's Distillery
Sorte · Dry Gin

Ein Erasmus-Auslandsaufenthalt muss nicht zwangsläufig in Saufgelage und gebrochene Herzen ausarten, es kann auch andersrum laufen: Als Eva Maier Gomez aus Barcelona im pfälzischen Geisenheim ihre Önologiekenntnisse erweitern wollte, verschoss sie sich in den Winzerssohn Stefan Winterling. Die Liebe zum Weinbau und zueinander führte sie 2008 nach Mallorca, wo beide die Experimentierlust packte, sich an einem Gin zu versuchen. Dafür nutzen sie die Zutaten der Insel, einen ätherischen und leicht salzigen Wacholder von der Düne Es Trenc, daneben einheimische Zitrusfrüchte und Kräuter, die dem Dry Gin durch ausgedehnte Mazeration ein intensives Aroma verleihen. Und Stefan, der weiß, wie man Ehefrauen glücklich macht, hat den Gin kurzerhand nach seiner Eva benannt – und deren Großmutter auf dem Etikett verewigt.

Alkoholgehalt: 45 Vol.-%
Ort: Llucmajor, Spanien
Gründung: 2012

VICTORIA GIN

Destillerie · Victoria Spirits
Sorte · Dry Gin

Den allerersten hochwertig produzierten Gin Kanadas zu fertigen, das wollten die Macher von Victoria Spirits. Sie ließen ihre Vergangenheit als Weinproduzenten hinter sich und kauften im Jahr 2008 eine Kupferbrennblase aus Deutschland. Der nach der Königin Victoria benannte Gin wird aus zehn verschiedenen Zutaten komponiert, davon mehrheitlich Klassiker wie Wacholder, Koriander, Angelikawurzel, Sternanis, Zitrusschalen oder Iriswurzel. Ein Destillationsdurchlauf dauert in etwa sechs Stunden. Dem Brennmeister ist es dabei wichtig, viele Aromen einzufangen, aber schwere Fuselstoffe möglichst zu vermeiden.

Alkoholgehalt: 45 Vol.-%
Ort: Victoria (BC), Kanada
Gründung: 2008

PREMIUM GIN BATCH NO. 2

Destillerie ·
East London Liquor Company
Sorte · Dry Gin

Wie in einer guten Boygroup ist im Fünferteam der East London Liquor Company jeder Charakter abgedeckt. Mehr oder weniger Coolness steckt aber natürlich in allen Craftsmen. Das Konzept der Jungs klingt nach einem Businessplan wie aus dem Bilderbuch: Im East End, wo sich seit über 100 Jahren keine neue Destillerie angesiedelt hat, eröffneten sie die Liquor Company mit angeschlossener Bar in einer ehemaligen Klebstofffabrik. Dort werden neben dem hausgemachten Gin, Rum, Wodka und Whisky auch externe Craftbiere verköstigt. Der 47-prozentige Premium Gin Batch 2 aus britischem Weizen erhält durch ein Bouquet der feinsten Kräuter von Angelikawurzel über Lavendel, Salbei und Winterbohnenkraut ein ausgeprägtes, aber ausgewogen würziges Aroma.

Alkoholgehalt: 47 Vol.-%
Ort: London, Großbritannien
Gründung: 2012

ATALAY GIN DER SIEDLER

Destillerie · Schultz'ens Siedlerhof & Whiskydestillerie
Sorte · Dry Gin

„Es ist nicht einfach so, dass ich etwas gefunden habe, das mir liegt. Ich bin wirklich zum Barkeeper geboren", sagt Atalay Aktas. Der Sohn türkischer Einwanderer ist in Kreuzberg aufgewachsen und hat aus der alten Kiezkneipe seiner Kindheit seine eigene Cocktailbar gemacht. Schon als Kind habe er alles, auch Spülmittel, auf Geschmack hin überprüft, was ihm – unter Zugabe seines Charmes – 2013 den Preis als Deutschlands bester Barkeeper einbrachte. Gemeinsam mit Michael Schultz, der in vierter Generation Weine und Obstdestillate westlich von Berlin herstellt, entstand eine Limited Edition des Schultz'schen Siedler-Gins. Er ist geprägt von slowenischem Bergwacholder, Zitrusschalen, Rosen- und Lavendelblüten, abgerundet mit Koriander und Kardamom und mit isländischem Gletscherwasser auf Trinkstärke gebracht.

Alkoholgehalt: 47 Vol.-%
Ort: Werder, Deutschland
Gründung: 2004

HALF HITCH GIN

Destillerie · Holdsworth Spirits & Company
Sorte · Dry Gin

Camden Town ist heute vor allem für seine ausufernden Märkte, die Goth- und Punkszene sowie für seine Bars bekannt. Mark Holdsworth hat hier aber auch eine uralte Tradition der Gindestillerie entdeckt. Ein halbes Jahrhundert nachdem, der letzte Gin in Camden Lock abgefüllt wurde, hat er mit seiner Firma Half Hitch inmitten der industriellen Lagerhäuser und Kanäle die Tradition wieder zum Leben erweckt. Der Name Half Hitch spielt auf die Knoten an, mit denen man die Lastkähne vertäut hat. Der Gin geht aus einer modernen Vakuumdestillation in einer Kupferbrennblase hervor, in die Schwarztee aus Malawi, kalabrische Goldmelisse, englisches Holz, Pfeffer, Heu und Gin aus der Langley-Destillerie in Mittelengland einfließen.

Alkoholgehalt: 40 Vol.-%
Ort: London, Großbritannien
Gründung: 2014

ROCK ROSE GIN

Destillerie · Dunnet Bay Distillery
Sorte · Dry Gin

Die Geschichte besagt, dass vor mehr als tausend Jahren die alten Wikinger vor ihren Seereisen auf die Heilkräfte des Rosenwurz der nordschottischen Steilküsten vertrauten. Was für die bärtigen Seeleute bereits bestens funktioniert hat, ist natürlich auch auf Gin anwendbar. Die Dunnet Bay Distillery kombiniert die Wurzeln ebendieses Rosenwurzes mit Kreuzdorn, Vogelbeere, Paradieskorn und sogar zwei verschiedenen Wacholdergattungen. Aufsteigender Alkoholdampf durchdringt die mit den verschiedenen Ingredienzen präparierten Körbe und nimmt zunehmend deren Aromenprofil an. In einem Destillationsdurchlauf werden 700 Flaschen Gin hergestellt – genügend Proviant für eine ausgedehnte Seereise.

Alkoholgehalt: 41,5 Vol.-%
Ort: Dunnet, Großbritannien
Gründung: 2014

HELSINKI DRY GIN

Destillerie ·
The Helsinki Distilling Company
Sorte · Dry Gin

Mit den zwei Finnen mit so wunderschön alliterativen Namen Kai Kilpinen und Mikko Mykkänen und dem Iren Séamus Holohan haben sich drei alte Freunde zusammengetan. Sie teilen den gleichen Humor und eine große Liebe für Whisky und Gin – wobei diese vermutlich sowieso den Großteil des finnischen Volks zusammenschweißt. Jedenfalls quittierten alle drei ihre Jobs, um in Helsinki eine Destillerie aufzubauen und sich an einem nordischen Gin zu versuchen. Der enthält Wacholderbeere vom Balkan, mediterrane Zitronen, Sevilla-Orangen und als eines von acht Gewürzen die arktische Preiselbeere, die den Destillierprozess geschmacklich überlebt und dem Gin seine nordische Note verleiht. Vor Ort ist übrigens eine Bar mit Sauna am Kamin der Destillerie geplant, die durch die Anlage selbst erhitzt wird.

Alkoholgehalt: 47 Vol.-%
Ort: Helsinki, Finnland
Gründung: 2013

GIN XORIGUER MAHON

Destillerie · Destilerías Xoriguer
Sorte · Dry Gin

Eingebürgert hat sich Gin auf der Insel Menorca, weil sich die dort seit dem 18. Jahrhundert stationierten englischen Soldaten und Seeleute nicht mit dem Entzug ihres Nationalgetränks arrangieren konnten. Die ansässigen Destillateure fanden einen Kompromiss, ließen Wacholderbeeren einführen und produzierten auf Grundlage von Weinalkohol einen spanisch interpretierten Gin. Die Engländer haben's geschluckt, die Inselbewohner aber geliebt und zum Bestandteil jeder Hochzeit, Taufe und Trauerfeier gemacht. 1945 hat Miguel Pons Justo mit seiner Ginmarke Xoriguer für die allmähliche Verbreitung des Getränks auch außerhalb Menorcas gesorgt. Gin Xoriguer, der in traditionelle Branntweinkrüge abgefüllt wird, ist immer noch in Familienhand. Solange es dabei bleibt, wird auch nichts verraten über die zugefügten Kräuter.

Alkoholgehalt: 38 Vol.-%
Ort: Mahón, Spanien
Gründung: 1945

Destilerías Xoriguer

Als Großbritanniens Royal Navy die Balearen-Insel Menorca im Jahre 1708 eroberte und die Matrosen in die Hafenkneipen stürmten, verlangten sie nach Gin. In ihrem Heimatland hatte Gin zu der Zeit den Brandy längst als beliebtestes Rauschmittel abgelöst und ganz England in einen kollektiven Gintaumel, den sogenannten Gin Craze, versetzt.

Ganz dem Prinzip von Angebot und Nachfrage verpflichtet, überlegten die Händler der Insel, wie man nun schnell und günstig große Mengen an Gin herbeischaffen könnte, um die geschäftlichen Beziehungen zu den Mitgliedern der Royal Navy so gewinnbringend wie möglich zu gestalten. Die einfachste Lösung mit dem größten Profit hieß ganz einfach: selber machen! Man stand nur vor einem Problem: Klimatisch bedingt wuchs kein Wacholder auf der Insel. Durch Importe aus den Regionen um die Pyrenäen fand man schnell eine Lösung, und bald gab es auf Menorca zahlreiche florierende Gin-Destillerien. Als Basis für den Gin griffen die neuen Destillerien auf den örtlich vorhandenen, aus Trauben hergestellten Alkohol zurück. Die daraus folgenden fruchtigen Noten kamen bei der britischen Zielgruppe und bei der einheimischen Bevölkerung gleichermaßen gut an. Gin wurde schnell ein Bestandteil der Trinkkultur der Insel, insbesondere als erfrischender Punsch mit Zitronen und Orangen.

Mittlerweile ist Xoriguer der einzige familiengeführte und handwerklich arbeitende Gin-Produzent der Insel. Die auf dem Flaschenetikett abgebildete Windmühle namens Xoriguer wurde 1784 von der Familie Pons erbaut und war lange Zeit das eigentliche Familienunternehmen, bis Miguel Pons Justo Anfang des 20. Jahrhunderts beschloss, von Müller auf Destillateur umzusatteln. Die Familie Pons produziert einen fruchtigen Gin mit ausgeprägter Wacholder-Note nach einem Geheimrezept. Welche Botanicals zum Aroma des Gins beitragen, wissen nur eingeweihte Familienmitglieder. Die Produktion erfolgt ganz klassisch in holzbefeuerten Kupferkesseln. Nach dem Brennvorgang wird der Gin in Eichenfässern gelagert, schließlich in die traditionellen Steingutgefäße oder Flaschen mit dem kleinen Henkel abgefüllt und von Hand mit dem prägnanten Mühlenlogo etikettiert.

0 1 2 3 4
0 1 2 3 4

6 7 8 9 10 hg.
6 7 8 9 10 kg.

NAVY STRENGTH GIN

Destillerie · Four Pillars
Sorte · Dry Gin

Das olympische Motto „Dabeisein ist alles" gilt ganz sicher nicht für diesen Mann mit ausgeprägtem sportlichen und Unternehmergeist. Nachdem Cameron McKenzie in Atlanta beim 400-Meter-Sprint medaillenlos geblieben war, holte der Australier 17 Jahre später doppeltes Gold für seinen ersten Gin bei den Spirit Awards in San Francisco. Dabei gibt es die Destillerie Four Pillars im Yarra Valley erst seit 2013. Und so wurde der Quasi-Abstinenzler zum Alkoholexperten. Sein geliebter Destillierapparat „Wilma" hat unlängst einen Navy Strength Gin hervorgebracht, der Bio-Orange und frische Finger-Limes direkt aus der Byron Bay enthält. Diese besondere Zitrusfrucht unterstreicht die asiatischen Gewürze Sternanis und Koriander, während Gelbwurz für Bodenständigkeit und einen gurkenartigen Geschmack sorgt. Saftig, aber clean ist der Gin, der auf der International Wine & Spirit Competition in Hongkong schon wieder prämiert wurde.

Alkoholgehalt: 58,8 Vol.-%
Ort: Yarra Valley, Australien
Gründung: 2013

BARREL AGED GIN

Destillerie · Four Pillars
Sorte · Dry Gin

Als die vier Säulen – four pillars – ihrer australischen Gins bezeichnen die Gründer Stu, Matt und Cam folgende Elemente: erstens Wilma, der deutsche Destillierapparat, zweitens das natürlich gefilterte Wasser aus dem Yarra Valley, drittens asiatische und regionale Kräuter, Gewürze und mediterrane Orangen – und zu guter Letzt „a little bit of love". Die steckt vor allem im limitierten Barrel Aged Gin, der im Soleraverfahren eine sogenannte Vermählung eingeht: In neun durch Schläuche miteinander verbundenen Eichenfässer vermischten sich nach einer bestimmten Reifezeit der ältere mit dem jeweils jüngeren Gin. Das Endprodukt ist 43,8-prozentig, lässt Muskat, Zimt, Vanille und die Zitrusnoten eingelegter Kumquats und Orangenaroma durchscheinen. Camerons puristischer Tipp: dazu ein Eiswürfel und ein Tropfen Honig.

Alkoholgehalt: 43,8 Vol.-%
Ort: Yarra Valley, Australien
Gründung: 2013

Four Pillars

Cameron MacKenzie und sein Kumpel Stuart Gregor sind von Haus aus Weintypen. Die beiden Australier haben jahrelang Weine hergestellt, vermarktet oder über sie geschrieben. Doch Cameron und Stu sind auch Gin-Fans, was kein Wunder ist, da Australien bis heute spürbar von der britischen Kultur beeinflusst ist. „Als Gin-Trinker wollten wir ursprünglich ein tolles Tonic Water herstellen", erzählt Cameron über die Motive für die Gründung der Four-Pillars-Destillerie. „Wir sind dann aber schnell beim Gin selbst gelandet. Und drei Jahre nach dieser Entscheidung ging es los." In der Planungsphase stieß noch Matt Jones zum Team, und 2013 entstand der erste Four-Pillars-Gin in einer Destillationsanlage, die den liebevollen Namen „Wilma" trägt und ein Fassungsvermögen von 450 Litern hat. Cameron, Stu und Matt brennen ihren Gin im Yarra Valley, wo die kleine Firma als Untermieter auf einem Weingut untergebracht ist. Doch für 2015 stehen ein Umzug und eine Vergrößerung der Produktion auf dem Programm – auch in Australien ist Gin enorm gefragt.

„Wir stellen keinen London Dry Gin her, denn wir sind hier sehr weit entfernt von London. Wir lieben London Dry, aber unser Ziel ist es, einen modernen australischen Gin herzustellen", erklärt Cameron und listet die Zutaten auf, die den Four-Pillars-Gin zu einem Mix der Kulturen machen: neben den klassischen Ingredienzien sind das australische Exoten wie Zitronenmyrte und die Blätter der tasmanischen Pepperberry. Extra würzig kommt der „Navy Strength"-Gin des Hauses daher – ein besonders hochprozentiges Destillat, das auch Ingwer, Kurkuma und australische Finger Limes beinhaltet. Der Begriff „Navy Strength" rührt der Geschichte nach daher, dass die Kapitäne der British Royal Navy während ihrer Reisen auf den Weltmeeren besonderen Wert darauf gelegt haben, Gin von guter Qualität an Bord zu haben. Um dies zu überprüfen, wurde Schießpulver mit etwas Gin beträufelt. Ließ sich das Pulver verfeuern, stimmte die Qualität. Es scheint, als hätten Cameron MacKenzie und seine Freunde nicht nur eine neu erweckte Leidenschaft für Gin, sondern auch verdammt viel Spaß an ihrem Job.

Monkey 47

Diese zwei Herren sind dafür verantwortlich, dass der Schwarzwald heute nicht nur für Kuckucksuhren, Kirschtorte und Schwermut steht. Mit ihrem „Monkey 47 Schwarzwald Dry Gin" haben Alexander Stein und Christoph Keller der Region im Süden Deutschlands einen festen Platz auf der internationalen Weltkarte des Gins gesichert. Ihr handgemachtes Destillat, das aus 47 Kräutern und weiteren frischen sowie penibel ausgewählten Zutaten besteht, hat ungemein zum Gin-Boom der letzten Jahre in Deutschland wie international beigetragen – und Maßstäbe gesetzt. Denn selten war ein Gin zuvor so aromatisch, dass man ihn durchaus auch pur genießen kann. Begonnen hat alles 2008. Der heutige Monkey-47-Meisterdestillateur Keller hatte sich damals bereits als Obstbrenner einen Namen gemacht. Mit seinen Destillaten aus der Brennerei Stählemühle hatte der Quereinsteiger vom Bodensee reihenweise Auszeichnungen abgeräumt, als er einen Anruf vom vermeintlichen „Spinner" Alexander Stein erhielt, dem Sohn einer Stuttgarter Weinbrennerdynastie. Stein hatte einige Jahre als Nokia-Manager im Ausland gearbeitet, wollte aber zurück zu seinen Wurzeln und hatte eine wilde Geschichte über einen Gin im Gepäck, die von einem in den 1950er Jahren im Schwarzwald gestrandeten britischen Air-Force-Piloten handelt. Montgomery Collins hatte in einem verschlafenen Schwarzwaldtal den Gasthof „Zum Wilden Affen" betrieben – und ein spezielles Gin-Rezept hinterlassen, das heute als Blaupause für den Monkey 47 dient. Alexander Stein und Christoph Keller hoben diesen Schatz. Und begründeten damit die wohl schmackhafteste britisch-süddeutsche Fusion, die man sich nur vorstellen kann.

MONKEY 47

MONKEY 47 SCHWARZWALD DRY GIN

Destillerie · Black Forest Distillers
Sorte · New Western Dry Gin

Der Platzhirsch der neuen deutschen Gin-Welle ist ein Affe und besteht aus 47 Kräutern, Früchten, Gewürzen und anderen feinen Zutaten. Monkey 47 erblickt in der süddeutschen Stählemühle, einer in der Brennerszene hochangesehenen Obstbranddestillerie, das Licht der Welt.Mittlerweile hat er sich aber vom kleinen Schoßäffchen zum mächtigen Silberrücken entwickelt. Das Produkt ist eine Schwarzwälder Erfolgsgeschichte und zeigt auf, wie ein handwerkliches Erzeugnis zusammen mit einer wagemutigen Geschichte und einem auffälligen Markenauftritt den Gin-Markt revolutionieren kann.

Alkoholgehalt: 47 Vol.-%
Ort: Eigeltingen, Deutschland
Gründung: 2009

GIN SUL

Destillerie · Altonaer Spirituosen Manufaktur
Sorte · New Western Dry Gin

Stephan Garbe leuchten noch immer die Augen, wenn seine kleine, immer blankgewienerte Altonaer Brennanlage dampft. „Ich kann sonntags kaum abwarten, dass die Woche wieder losgeht", schwärmt der ehemalige Werber. Die Idee entstand in einer Zeit der Besinnung an der portugiesischen Costa Vicentina, wo er an den Steilküsten Unmengen wildwachsender Wacholderbeeren direkt neben duftenden Lack-Zistrosen vorfand. Diese leisten jetzt unter Zugabe westalgarvischer Zitronen einen entscheidenden Beitrag zum Gin Sul. Dessen Destillation erfolgt bedächtig und in kleinen Durchgängen: Das Mazerat aus den Botanicals, Alkohol und Wasser der Lüneburger Heide passiert im gasförmigen Zustand den Geistkorb aus Zitronenschalen, Rosmarin und Rosenblättern, um schließlich in weißen Tonflaschen von Garbe selbst ausgeliefert zu werden.

Alkoholgehalt: 43 Vol.-%
Ort: Hamburg, Deutschland
Gründung: 2013

THE DUKE
MUNICH DRY GIN

Destillerie · The Duke Destillerie
Sorte · New Western Dry Gin

Die Erfolgsgeschichte der bio-zertifizierten Destillerie von Maximilian Schauerte und Daniel Schönecker nahm in einem Münchener Hinterhof ihren Anfang. Ihr handgemachter Münchener Dry Gin ist überraschend: Neben den 13 klassischen Pflanzenextrakten erzeugen deutscher Hopfen und Malz einen einzigartigen bayrischen Geschmack. Die Zutaten werden zunächst in naturreinem Agraralkohol aufgeweicht, dann wird die Maische bei tiefer Temperatur in einer Kupferbrennblase destilliert, gefiltert und abgefüllt. Der sanfte Geschmack des Gins wird von einem süßen Abgang mit einer leichten Kaffeenote abgerundet.

Alkoholgehalt: 45 Vol.-%
Ort: München, Deutschland
Gründung: 2008

MADAME GENEVA
GIN ROUGE

Destillerie · Kreuzritter
Sorte · New Western Dry Gin

Man sollte es nicht meinen, aber das Gemeinschaftsprojekt eines Mediziners, eines Ernährungswissenschaftlers und eines Spirituosenexperten im Münsterland bestand nicht etwa in einer Whiskydiät zum Abgewöhnen, sondern in einem vollständigen Repertoire an feinstem Hochprozentigen. Natürlich geht es in erster Linie um den Geschmack in all seinen Facetten. Mit 46 Botanicals stellt Madame Geneva Gin Rouge den Gaumen schon gewaltig auf die Probe. Die Infusion von Rotwein alter apulischer Primitivo-Rebstöcke rundet die herben, bitteren und frischen Noten ab und verleiht zum Beispiel Gin Tonic einen verruchten Touch – wobei konstant Wacholdernoten mitschwingen. Ein Leichtgewicht ist die Madame übrigens nicht gerade: Die Zwei-Kilo-Flasche soll nicht nur geschmacklich schwer beeindrucken.

Alkoholgehalt: 44,4 Vol.-%
Ort: Mühlen, Deutschland
Gründung: 2005

Preussische Spirituosen Manufaktur Berlin

•

Gegründet wurde die einstige Spirituosenanstalt unter Kaiser Wilhelm I., um Ernteüberschüsse in den Griff und Nachwuchsbrenner auf Zack zu bekommen. Nach langer Schließung sowie wirtschaftlicher Berg- und Talfahrt sprudelt es jetzt wieder nach alter Manier in den nostalgischen preußischen Kupferkesseln.

Wohin mit den vielen Kartoffeln? Das ist eine Frage, die schon den preußischen König und späteren Deutschen Kaiser Wilhelm I. angesichts der Ernteüberschüsse brandenburgischer Bauern beschäftigte. Oder besser gesagt, seine preußische Verwaltung beschäftigte sich damit, denn Ernteüberschüsse sorgen für instabile Agrarpreise, und Instabilität war den Preußen sehr suspekt. Also kaufte man in Berlin die auf dem freien Markt unverkäuflichen Kartoffeln und brannte sie zu Alkohol. Damit auch alles seine gute Ordnung hatte, gründete der preußische Staat 1874 per Kabinettsorder die Versuchs- und Lehranstalt für Spiritusfabrikation mit Sitz in Berlin-Wedding. Die Leitung übernahm Max Delbrück, ein angesehener Professor, der nicht nur für die Herstellung von Industriealkohol zuständig war, sondern auch gleich für die Ausbildung des gesamtdeutschen Brenner- und Destillateurnachwuchses. Denn es nagte an Preußens Selbstbewusstsein, dass in anderen Staaten traditionsreiche Spirituosen von Weltrang entstanden, während die heimische Schnapskultur sich auf dem Niveau von international wenig beachteten Bränden und Kräuterlikören mit meist bloß medizinischer Anwendung befand. Die Versuchslikörfabrik sollte durch verbesserte Ausbildung und durch Forschung und Rezeptentwicklung, also mit einem staatlich verordneten Qualitätssprung, das gesamtdeutsche Destillierwesen auf Vordermann bringen.

Ausgehend vom Stand der Stadtbebauung von 1874 lagen die Backsteingebäude der neu errichteten Anstalt am äußersten Rand der Stadt Berlin, mit einem schönen Blick auf Felder und Seen. Sie wurde mit modernster Technik eingerichtet und mit preußischer Gründlichkeit betrieben. Die Produktion der Versuchslikörfabrik florierte unter dem Namen Adler Spirituosen und erreichte um die Jahrhundertwende ihren Höhepunkt. Verkaufsschlager waren neben Gin und Wodka deutsche Klassiker wie Kümmel-, Korn- und Kräuterschnäpse sowie eine Reihe von Likören, deren Rezepturen in jahrelanger Forschung von Max Delbrück und seinen Studenten entwickelt wurden.

Als im Verlauf des Ersten Weltkriegs jegliche Ernteüberschüsse ausblieben und der Bedarf an Hochprozentigem bei den Berlinern zwar hoch, aber das Geld dafür sehr knapp war, bedeutete dies erstmal das Ende der Likörproduktion. Erst in den 1950er-Jahren sollte im Wedding wieder an die Tradition des Standortes angeknüpft werden. Unter dem neuen, eher wenig eingängigen Namen „Institut für Gärungsgewerbe Berlin" wurden in den traditionsreichen Räumen wieder Gin und Wodka hergestellt, doch an die Erfolge der Vergangenheit konnte keiner der wechselnden Betreiber mehr anknüpfen.

Heute liegt das Gebäude der ehemaligen Versuchs- und Lehranstalt an einer der großen und lauten Verkehrsadern Berlins. Die Bauschäden aus dem Zweiten Weltkrieg sind in den 1950er-Jahren innen wie außen recht pragmatisch behoben worden. Der Lack ist ab, würde der Berliner sagen. Doch an der Toreinfahrt prangt seit 2009 ein neues Schild mit der Aufschrift: Preussische Spirituosen Manufaktur. Und im zweiten Stock offenbart sich dem Besucher die ganze kupferne Pracht der Destillationsapparate aus vergangenen Zeiten. Kessel, Trichter, Druckanzeiger, Rohrleitungen und Abfüllhähne. Das, was einst die neueste Technik war, ist heute pure Nostalgie. Allerdings eine sehr funktionstüchtige Nostalgie, wieder in Betrieb genommen von zwei Männern mit einer Vision: Den gewissenhaft überlieferten Rezepturen für Brände und Liköre neuen Geist einzuhauchen.

Als der Dipl.-Ing. Prof. Dr. Ulf Stahl und der Dipl.-Hotelier Gerald Schroff auf einer österreichischen Skipiste ineinander fuhren, gab es nicht gerade Anlass zu freundschaftlichen Gefühlen. Doch als man sich abends zufällig an einer Hotelbar wiedertraf, der Berliner Professor vor der Theke und der süddeutsche Hotelier dahinter, entdeckte man die gemeinsame Passion für gute Spirituosen. Der Professor lehrt am Institut für Mikrobiologie der TU Berlin, das sich auf dem Gelände der ehemaligen Versuchs- und Lehranstalt für Spiritusfabrikation im Berliner Wedding befindet. Dort war die Produktion vor Kurzem eingestellt worden. Den Rest der schönen Geschichte kann man sich fast denken. 2005 begann man wieder mit der Destillation von Adler Gin und Adler Wodka. 2009 übernahm man zusammen die komplette Likörfabrik.

Die neuen Inhaber der Preussischen Spirituosen Manufaktur legen durchaus Wert auf die Tradition des Hauses: Nur beste Rohstoffe, hausgemachte Mazerate und Destillate kommen in die historischen Apparate. Aufwendige Verfahren und monatelanges Ruhen in antiken Steingutgefäßen sind die Grundlage der zu neuen Ehren gekommenen Brände und Liköre des Hauses. Was die beiden Betreiber besonders freut: Mittlerweile wird an der ehemaligen Lehranstalt auch wieder gelehrt. In Aufbau- und Meisterkursen für Destillateure wird das in mittlerweile 150 Jahren angesammelte Wissen weitergegeben.

Bittere Tropfen

•

Artemisia absinthium heißt das Kraut, dessen Bitterkeit gleich zwei Modegetränken des 20. Jahrhunderts einen prägenden Charakter verlieh. Absinth und Wermut sind zu Spirituosen-Klassikern geworden und teilen nicht nur eine Grundzutat, sondern auch das selbe Schicksal: jeder kennt sie, und doch geraten sie manchmal jahrzehntelang in Vergessenheit – bis eine neue Generation von Spirituosenliebhabern wieder auf den bitteren Geschmack kommt.

Absinth

•

Ein guter Absinth wird tröpfchenweise zubereitet und schlückchenweise genossen. Wie sich das bedächtige Getränk trotzdem zum Inbegriff des Teuflischen entwickeln konnte, erklärt ein Blick auf die Geschichte der grünen Spirituose.

Als leibhaftige grüne Fee bewegte sich Theaterrevolutionär und Enfant terrible Alfred Jarry durch die Straßen von Montmartre im ausgehenden 19. Jahrhundert. Nicht ganz so grazil allerdings, wie man es sich von einem zarten Wesen erwartete: Gesicht und Hände grün bemalt, bretterte er unter Einsatz von Pistolenschüssen statt einer Klingel mit seinem Fahrrad durch die Gassen und huldigte so seinem geliebten Absinth.

Zu diesem Zeitpunkt war der in der Schweiz erfundene Kräutertrank aus Wermut, Anis und weiteren Zutaten innerhalb von 100 Jahren von der glorreich aus Algerien heimkehrenden französischen Armee über die Bourgeoisie und Boheme bis in die zahlreichen Arbeiterkneipen vorgedrungen. Die gemeine Reblaus hatte einen Großteil der Weinernte zunichte gemacht und bescherte billigem Industriealkohol einen ungekannten Höhenflug. Der damit hergestellte Absinth wurde in den völlig verarmten Stadtteilen zum Kassenschlager: Er war unerhört billig und eignete sich hervorragend, dem öden Alltag ein Schnippchen zu schlagen.

Die grüne Stunde zwischen 17 und 19 Uhr kultivierten jedoch auch die bessergestellten Franzosen noch ausgiebig, während diverse Abstinenzlerbewegungen schon Tod und Teufel im Pakt mit dem Absinth heraufbeschworen.

Die mystifizierenden Geschichten der Absinth-Exzesse, die von ausschweifenden Orgien der Künstler, von völligem Durchdrehen, Delirium und Totschlag erzählten, erhöhten durch das Verbot Anfang des 20. Jahrhunderts noch den Schauerfaktor, aber auch das Begehren. Der Absinthkonsum war aber vor allen Dingen Indikator für eine völlig dem Alkohol verfallene Gesellschaft. „Das darf man nicht vergessen, dass die Leute wahnsinnig viel getrunken haben", sagt Hermann Plöckl, Besitzer des Absinth-Depots in Berlin, „und der Wein wurde in Frankreich nicht mal dazugerechnet". Mit 60 Litern reinen Alkohols pro Kopf schossen die Franzosen im Jahr 1913 den Vogel ab.

Allgemein ist ausgeprägter Absinthgenuss immer mit der französischen Kultur in Verbindung gebracht worden. „Auch in England tranken Typen wie Oscar Wilde und seine Freunde Absinth, um französische Lebensart nachzuahmen. So ähnlich, wie heute jemand Gauloises raucht, weil er sich fühlen will wie ein Franzose", fasst David Nathan-Maister zusammen. Der Engländer hat eine eigene Absinth-Enzyklopädie herausgegeben.

Im Geburtsland des Absinth, der Schweiz, war das Gewissen der Bevölkerung irgendwann von den Abstinenzlern mürbe moralisiert worden. Es brauchte nur einen Mörder, der – neben literweise Wein – zufälligerweise zwei Gläser Absinth getrunken hatte,

damit sich der Volksentscheid 1908 klar für ein Verbot aussprach. In Frankreich beendete der Erste Weltkrieg offiziell den Absinthgenuss. Nathan-Maister: „Es wurde berichtet, dass die französischen Truppen betrunken waren und rebellierten – da gab es Panik. Und kurzerhand wurde das Absinthverbot durchgesetzt. Am gleichen Tag verbot man übrigens auch Croissants – die verbrauchten zu viel Butter."

Seit den 1990er-Jahren darf Absinth auch offiziell wieder seine opaleszierende Liaison mit Wasser eingehen. Nathan-Maister geht von einem Irrtum beim EU-Wiederaufnahmeverfahren aus: Seither sind Produkte mit dem gleichen Gehalt an Thujon – dem berüchtigten Nervengift der Wermutpflanze – erlaubt, wie es vor hundert Jahren üblich war. An einen Boom wie damals glaubt er nicht: „Absinth wird nie so populär werden wie Cognac, Gin oder sogar Rum. Der Anisgeschmack wird von vielen Leuten nicht gemocht. Den muss man schon als Kind kennenlernen, um ihn zu schätzen." Hermann Plöckl schätzt am Absinth vor allem den Mythos und natürlich seine gute Qualität. Er ist großer Liebhaber der Absinthstimmung: „Das ist eine kommunikative Droge – wie Kokain und Alkohol zusammen." Wenn die ätherischen Öle mit den Synapsen interagieren, dann entspanne der Körper vollkommen, aber der Kopf bleibe klar, so Plöckl. Einig sind sich beide Spezialisten in der Frage, wo man einen garantiert guten Absinth herbekommt: Aus dem Val-de-Travers in der Schweiz und dem angrenzenden französischen Pontarlier – der Wiege des Absinth.

EMPEROR NORTON ABSINTHE

Destillerie · Raff Distillery
Sorte · Absinth

Joshua Abraham Norton war ein Exzentriker des 19. Jahrhunderts. Der Lebenskünstler aus San Francisco ernannte sich selbst zum Emperor Norton I. und erließ zum Amusement seiner Zeitgenossen kaiserliche Erlässe. Es ist unklar, ob Norton nur etwas exzentrisch oder komplett wahnsinnig war. Sein Habitus macht ihn jedenfalls zum perfekten Namensgeber für einen Absinth – jener Spirituose, die den kunstsinnigen Wahnsinn erst salonfähig gemacht hat. Die Basis des seit 2011 zwischen Oakland und San Francisco hergestellten Produkts stammt aus kalifornischen Weinbergen und wird anschließend mit Wermut, Anis, Fenchelsamen und anderen Kräutern destilliert, womit er ein prägnantes Süßholzaroma hinterlässt.

Alkoholgehalt: 68 Vol.-%
Ort: San Francisco (CA), USA
Gründung: 2011

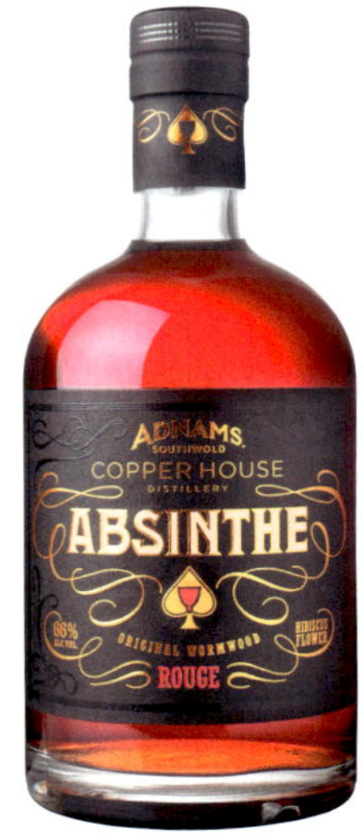

ADNAMS ABSINTHE ROUGE

Destillerie · Adnams
Sorte · Absinth

Ein provokantes Hellrot trägt dieser Absinthe Rouge. Man würde sich kaum wundern, wenn der Teufel höchstpersönlich der Flasche entstiege, um den, der sie öffnet, zu einem Pakt der düstersten Sorte zu überreden. Den rubinroten Ton verdankt der 66-prozentige Absinth einzig den zugesetzten Hibiskusblüten. Der vollmundige Geschmack setzt sich aus Anis, Fenchel und Koriander zusammen, zugrunde liegt ein altes französisches Rezept. John McCarthy, Chefbrenner bei Adnams, hat zuvor mit Gins und Wodkas der noch jungen Destillerie viele Preise gewonnen. Sie ergänzt erst seit 2010 die alteingesessene Bierbrauerei. Geadelt wurde der Absinth Rouge auch schon mit einer Silbermedaille: von der International Wine & Spirit Competition – und da ist es sicher nicht mit dem Teufel zugegangen.

Alkoholgehalt: 66 Vol.-%
Ort: Southwold, Großbritannien
Gründung: 2010

ABSINTHE DU LAC DE CONSTANCE „KELLER ET FILS"

Destillerie · Stählmühle
Sorte · Absinth

Viele der Absinthe, die heutzutage produziert werden, haben mit dem traditionellen Absinth des 19. Jahrhunderts wenig zu tun. Anders der „Keller et Fils", die grüne Fee der Stählemühle im Süden Deutschlands, der nach Original-Rezepturen und althergebrachten Verfahren hergestellt wird: Die Zutaten wie das Artemisia Absinthia, der pontische Wermut, Ysop, Melisse oder Fenchel, werden im hauseigenen Kräutergarten angebaut, geerntet und getrocknet, die Weiterverarbeitung erfolgt direkt und garantiert das komplexe Aroma. Ein einziger Schluck ist wie ein „Spaziergang über eine sommerliche Blumenwiese in den Bergen", so Christoph Keller über seinen Absinth, den er über drei Jahre entwickelte. Kenner genießen ihn unverdünnt pur.

Alkoholgehalt: 68 Vol.-%
Ort: Eigeltingen, Deutschland
Gründung: 2004

ABSINTHE VERTE

Destillerie · Leopold Bros.
Sorte · Absinth

Leopold Bros. stehen mit ihrem Absinthe Verte in der Tradition der großen europäischen Destillerien des 19. Jahrhunderts. Traubendestillaten – in diesem Fall chilenischer Pisco – werden Anis, Fenchel, Wermutkraut und andere Pflanzenextrakte hinzugefügt. Die glänzende smaragdgrüne Farbe entsteht beim Einweichen der Destillate in Zitronenmelisse und Ysop (auch Bienenkraut), wobei der Fenchel und das Wermutkraut den cremig-fruchtigen Geschmack hervorbringen. Der Absinth, der in einem kleinen Kupferkessel aus biologisch angebauten Zutaten und mit einem effizienten Wassersystem hergestellt wird, ist ein Produkt der Hingabe an die ökologische, nachhaltige Herstellung.

Alkoholgehalt: 65 Vol.-%
Ort: Denver (CO), USA
Gründung: 1999

ARGALÀ PASTIS ARTIGIANALE

Destillerie · Argalà
Sorte · Pastis

Die italienischen Freunde Enrico und Piero taten sich 2011 zusammen, um einen Pastis zu produzieren. An der Destillerie in Roccavione im Piemont hängt Enricos Herz besonders deshalb, weil sie bis zur Schließung seinem Großvater gehörte. Jetzt tröpfelt es dort wieder hochprozentig. Die Hauptzutat Anis und der Mascobado-Zucker stammen aus fairem Handel, die Kräuter aus den Tälern von Cuneo am Rande der Seealpen. Ein paar wildgewachsene Kräuter aus der direkten Umgebung verleihen ein zusätzliches Aroma. Nach der ersten erfolgten Destillation ließen die Jungs ihre „Famiglia" kosten, die darauf mit einem anerkennenden „Argalà" reagierte. So wurde dieser okzitanische Glücksausruf kurzerhand zum Markennamen auserkoren.

Alkoholgehalt: 45 Vol.-%
Ort: Roccavione, Italien
Gründung: 2011

TARQUIN'S HANDCRAFTED CORNISH PASTIS

Destillerie · Southwestern Distillery
Sorte · Pastis

Seit regelmäßig Hochgeschwindigkeitszüge zwischen England und Frankreich verkehrten, scheinen diese beiden Ländern immer mehr zusammenzuwachsen. Nun haben sich die Briten gar an einen der französischen Aperitifklassiker schlechthin herangewagt: den Pastis. Anislastige Getränke findet man sonst eher im Mittelmeerraum. Doch in einer globalisierten Welt lassen sich die notwendigen Zutaten auch ganz einfach ins englische Cornwall bringen. Da wären chinesischer Sternanis, usbekische Süßholzwurzel sowie türkische Fenchelsamen. Es sind jedoch auch Blumen, die, direkt von den Cornwaller Klippen gepflückt, dem Pastis eine altenglische Note verleihen.

Alkoholgehalt: 42 Vol.-%
Ort: Cornwall, Großbritannien
Gründung: 2012

Ein kupferner Brennkessel an der Küste von Cornwall im Süden Englands, wo die Southwestern Distillery mit traditionellen Verfahren Pastis und Gin herstellt.

La Hora del Vermú

•

Italien natürlich, und Frankreich auch, das sind die Länder, die man mit der Produktion und dem Genuss von Wermut klassischerweise in Verbindung bringt. International weniger bekannt ist, dass der Wermut auch in Spanien auf eine lange Tradition zurückblicken kann.

Natürlich kam er über das Mittelmeer. Hergestellt in Turin, verschifft in Genua und gelöscht in Barcelona, gelangte er von dort aus auf dem Landweg nach Madrid. Dank neuer industrieller Techniken hatten die Turiner Gebrüder Luigi und Giuseppe Cora im Jahre 1836 die bis dahin ausschließlich handwerkliche Wermutproduktion in einem Maße gesteigert, das den Export erstmals lohnenswert machte. In Turin war Wermut damals schon schwer in Mode. Ein findiger Weinhändler namens Antonio Benedetto Carpano hatte 1786 einen mit Alkohol gestärkten, mit Karamell gesüßten und mit Kräutern aromatisierten Weißwein auf den Markt gebracht, mit der eleganten Damenwelt als anvisierter Zielgruppe. Er nannte den Wein nach seiner bittersten Zutat: Wermut. Tatsächlich schmeckte seine Rezeptur nicht nur der Turiner Bürgerschaft, unabhängig vom Geschlecht, sondern auch König Viktor Amadeus III von Sardinien-Piemont. Damit war Carpano ein gemachter Mann und Wermut war als Aperitif der Stunde aus den Turiner Bars nicht mehr wegzudenken. Unternehmen wie Cora, Cinzano, Martini & Rossi brachten ihre eigenen Rezepte auf den Markt und schon bald war auch Turins Wirtschaft fest mit der Produktion des Aperitifs verbunden.

Die Freude am Wermut schwappte also auf dem Seeweg nach Spanien und ergriff dort zunächst die modebewusste Gesellschaft und dann auch bald die einheimischen Weinhändler und Produzenten. In der katalanischen Stadt Reus gab es sogar einen regelrechten Gründungsboom. Reus war aufgrund seiner Lage in einem der größten Weinanbaugebiete Spaniens bereits ein florierendes Zentrum für Herstellung und Handel von Wein und Aguardiente und somit geradezu prädestiniert für die Fabrikation des neuen Modegetränks. 1892 wurde hier die erste Handelsmarke für Wermut registriert, wenig später waren es über 30 Unternehmen, die mit ihrem Vermú, wie er in Spanien genannt wurde, bald das ganze Land belieferten und den Trend befeuerten.

NEGRE
1,70

Genau wie in Turin wurde Vermú in seiner neuen Heimat Spanien als Aperitif vor dem Essen getrunken. Das liegt an seinen Zutaten. Die im Wein mazerierten Kräuter und Gewürze, je nach Rezept zwischen 30 und 150 verschiedene Arten, insbesondere das namensgebende Bitterkraut Wermut, sollen den Appetit anregen. Das wussten schon die alten Griechen, denen Mischungen aus Kräutern und Wein auch nicht fremd waren. Selbstverständlich nur zur streng medizinischen Anwendungen.

Besonders in Barcelona und Madrid eröffneten Anfang des 20. Jahrhunderts unzählige Bars, Bodegas und Tabernas, die sich auf Vermú und dazu passende Tapas spezialisierten. Es gab die kleinen Bars für die Nachbarschaft, in denen man sich zur Aperitifzeit bis auf die Straße drängte. Und es gab edle Jugendstiltempel für das gutbetuchte Bürgertum. Der eleganteste Ort war bestimmt das mittlerweile nicht mehr existierende Café Torino in Barcelona, von seinen Gästen zu Recht auch „El Palacio del Vermú" genannt.

In das kollektive Gedächtnis des sehr katholischen Spaniens eingebrannt hat sich die sonntägliche Hora del Vermú, die Zeit für den Aperitif nach dem Besuch der Messe und vor dem traditionell späten Mittagessen. Natürlich trank man Vermú, entweder auf Eis oder mit einem Spritzer Wasser, man traf Freunde und Familie, man diskutierte viel, flirtete heimlich und tanzte ein bisschen. Auch als der Vermú in den 1970er und 80er-Jahren an Popularität verlor und anderen Aperitifs wie Bier oder Gin Tonic Platz machen musste, waren ganze Generationen mit seiner Glanzstunde, der Hora del Vermú, groß geworden.

Und jetzt ist sie zurück! Die Kinder und Kindeskinder der Begründer der fast verloren gegangenen Tradition haben einen nostalgischen Zugang zum Vermút, der vor allem in den Metropolen Barcelona und Madrid ein Comeback ohnegleichen erfährt. Im katalanischen Reus haben die Handvoll Unternehmen, die den Niedergang überlebt haben, die Zeichen der Zeit erkannt, ihre Produktion angekurbelt und sogar ein Museum gegründet. Junge Winzer und Gastronomen erinnern sich an vergessene Familienrezepte, gründen neue Vermú-Labels und eröffnen dazugehörige Bars. Sterneköche übertrumpfen sich gegenseitig bei der Kreation passender Tapas. Auch das Tanzbein wird wieder geschwungen, zu alten und zu neuen Beats. Bienvenido a la hora del vermú!

BORDIGA
VERMUT BIANCO

Destillerie · Bordiga Liquori
Sorte · Wermut

Betrachtet man die engen Beziehungen die die Destillerie Bordiga mit der Landwirtschaft im Maira-Tal pflegt, dann beginnt die Zubereitung ihrer Spirituosen bereits am Wiesengrund. 1888 wurde die Destillerie von Pietro Bordiga gegründet. Auf der Suche nach den Ursprüngen der guten Spirituosen ging der erfolgreiche Turiner Barbesitzer in die Berge. Noch heute wird der weiße Wermut nach demselben Rezept gefertigt, das Bordiga von dieser Reise mitbrachte, demzufolge ein Wasserbad in einem Destillierkolben auf einem Holzfeuer erhitzt wird, um die pflanzlichen Geschmäcker zu destillieren. Das handgezeichnete Label zeigt einen Mann im Gewand, der die Flaschen mit einem Kamel durch eine arabische Landschaft transportiert – eine Anspielung auf die Mischung von einheimischen Kräutern und exotischen Düften.

Alkoholgehalt: 18 Vol.-%
Ort: Cuneo, Italien
Gründung: 1888

BORDIGA
VERMOUTH ROSSO

Destillerie · Bordiga Liquori
Sorte · Wermut

Der Vermouth Rosso von Bordiga ist ein rabenschwarzes Getränk – inspiriert vom Film Noir der 1940er-Jahre: düstere Kriminalgeschichten mit verbitterten Protagonisten. Diese Anlehnung kann allerdings nur von seiner äußeren Gestalt herrühren, denn zynisch schmeckt er sicher nicht – höchstens ein bisschen bitter. „Klassisch italienisch" würde diesem roten Wermut als Beschreibung ebenso gut stehen: Eine milde Süße geht Hand in Hand mit einer Fülle alpiner Kräuteraromen, allen voran das Wermutkraut. Man kann ihn pur trinken, mit Eis und Zitrone, oder als Grundzutat diverser klassischer Cocktails verwenden. Produziert wird noch im alten Stil, fast so wie im Gründungsjahr der Destillerie 1888 in der piemontesischen Bergstadt Cuneo.

Alkoholgehalt: 18 Vol.-%
Ort: Cuneo, Italien
Gründung: 1888

MANCINO VERMOUTH VECCHIO

Destillerie · La Canellesse
Sorte · Wermut

Giancarlo Mancino hat das Konzept des Wermuts neu gedacht, als er den traditionellen aromatisierten Wein Rosso Amaranto für ein Jahr in Eichenfässern lagern ließ. Aus dem Duft der Eiche und der Gewürze entwickelt der Vecchio als erster gealterter süßer Wermut sein tiefes, fruchtiges Bouquet mit Aromen von Kirschen, Honig, Rosinen und dunkler Schokolade. Der Original Wermut basiert auf Trebbiano di Romagna-Weißwein, Alkohol aus Zuckerrüben und, bittersüß und fast medizinisch, aus fast 40 Pflanzenextrakten wie dem etwas esoterischen Piment, Aloe, Colombo-Pulver, Bitterholz und nicht zuletzt dem Wermutskraut.

Alkoholgehalt: 42 Vol.-%
Ort: Piemont, Italien
Gründung: 1957

VERMUT FALSET NEGRE

Destillerie · Cooperativa Falset Marça
Sorte · Wermut

Die Genossenschaften der zwei Nachbarorte Falset und Marça, jeweils vor etwa hundert Jahren gegründet, schlossen sich 1999 zusammen. Das gemeinsame Ziel der 500 Gesellschafter war es, Qualitätsweine herzustellen. Auf insgesamt 250 Hektar werden auf den Weinbergen Tarragonas rote und weiße Sorten angebaut, mit denen jährlich 900.000 Flaschen befüllt werden. Vielleicht ist einer der genossenschaftsinternen Werte Bescheidenheit, denn um brillante Bewertungen wird kein großes Aufhebens gemacht. Das Rezept des dunkelroten Vermut Negre ist fast hundert Jahre alt: Er vereint die zwei roten Rebsorten Grenache Noir und Carignan, die während der Reifung im Holzfass ein Jahr lang eine Infusion aus 120 Kräuterarten einatmen. Nach einer milden Süßung wird der Reifeprozess noch um weitere drei Jahre verlängert.

Alkoholgehalt: 16 Vol.-%
Ort: Falset, Spanien
Gründung: 1912

VERMUT NEGRE

Destillerie · Casa Mariol
Sorte · Wermut

1945 gründete José María Vaquer in Batea die Weinmarke Casa Mariol – und schindete offenbar erfolgreich Eindruck bei seinen Aquisefahrten im Opel Blitz, denn sein Wein sprach sich bald in ganz Spanien herum. Heute setzen Miguel Angel Vaquer und seine beiden Geschwister die Tradition fort. Vor ein paar Jahren übernahm er die hauseigene Bar Casa Mariol in Barcelona, mit dem Ziel, die Leute wieder auf den Wermutgeschmack zu bringen. Weil man dieser Erscheinung von Mann keine Empfehlung ausschlagen kann, hat wohl schon jeder, der einen Schritt in die Bar gesetzt hat, den Vermut Negre ausprobiert: Grundlage ist Weißwein aus Macabeotrauben, abgedunkelt mit grünen Walnüssen und gewürzt von einer Vielzahl an Kräutern. Mit seinen 11,5 Prozent Alkoholgehalt bietet sich, so wie es die alte Tradition vorgibt, ein Gläschen mit Snacks schon am Mittag an.

Alkoholgehalt: 11,5 Vol.-%
Ort: Batea, Spanien
Gründung: 1945

CASA MARIOL
WINE BAR

Casa Mariol

Das Weingut Casa Mariol im mittelalterlichen Dörfchen Batea inmitten der Terra Alta in Katalonien, das die Familie Vaquer seit Generationen betreibt, stellt nur Weine aus jeweils einer Rebsorte her. Das ist ungewöhnlich für Spanien, aber die Geschwister Marta, Josep Maria und Miquel Angel machen einiges anders als andere. Die Flaschen ihrer Weine zieren farbige Etiketten mit schlichter, avantgardistisch gestürzter Typo. Keine Schnörkel, keine Medaillen – es steht drauf, was drin ist, und das ist in wenigen Worten gesagt. Der heimliche Star unter den Produkten der Vaquers ist ihr Wermut, oder „Vermú", wie man in Spanien mit Betonung auf der zweiten Silbe sagt. Casa Mariol verkauft ihn in schlichten braunen Flaschen, die man eher in einer Apotheke als in einer Weinhandlung vermuten würde. In weißen Lettern steht darauf, wie, wann und womit man ihn sich einverleiben sollte, damit aus dem Getränk ein Ereignis wird.

Der Vermú Negre Casa Mariol basiert auf einem Wein aus Macabeo-Trauben, der mit über hundert Botanicals mazeriert wird. Das Rezept ist seit Jahrzehnten unverändert und beinhaltet neben lokalen Kräutern wie Rosmarin und Thymian auch grüne Walnüsse, Orangenschalen, Wermut und Kardamom. Nach der sechsmonatigen Lagerung in sechzig Jahre alten Fässern macht der Vermú Negre seinem Namen alle Ehre: dunkel, samtig, kräftig und kräuterbetont rinnt er die Kehle hinunter. Der perfekte Aperitif für die traditionelle Hora del Vermú – die „Stunde des Wermuts" – die Miquel Angel Vaquers in seiner Bar nahe der Sagrada Familia in Barcelona wieder aufleben lässt. „Vermú," sagt er, „ist ein Wort, das vielen älteren Leuten ein Lächeln aufs Gesicht zaubert. Sie verknüpfen damit die schönsten Erinnerungen, denn es war stets die beste Zeit der Woche."

ATSBY AMBERTHORN VERMOUTH

Destillerie · Rhys & Rylee
Sorte · Wermut

Adam Ford, Gründer von Atsby, leerte seinen ersten – und durchschnittlichen – Wermut einzig seiner italienischen Freundin zuliebe. Sie war schon als Kind in den Genuss des Kräutertrankes gekommen. „Den europäischen Wermuts, die sich hier in den New Yorker Bars finden ließen, lagen veraltete Rezepte zugrunde." Es wurden neutraler Alkohol und einfache Süßungsmittel als Basis genutzt – der Fokus lag auf der Wirkung der Kräuter. Erst bei einem Italienbesuch fand er heraus, wie Wermut auch schmecken kann, und entwickelte gemeinsam mit einem Sommelier eine amerikanische Interpretation: „Amberthorn" basiert auf New Yorker Chardonnay und Apfelbrand von den Finger Lakes, die Gewürze reichen von chinesischem Anis bis hin zu französischem Lavendel und sorgen bei aller Milde für den namengebenden „Stachel".

Alkoholgehalt: 16 Vol.-%
Ort: New York, USA
Gründung: 2012

ATSBY ARMADILLO CAKE VERMOUTH

Destillerie · Rhys & Rylee
Sorte · Wermut

„Die Herstellung eines guten Wermut ist ein Balanceakt", so Adam Ford von Atsby. Ein Hauch einer Zutat zuviel könne den Geschmack kollabieren lassen – viele versuchen das durch Zugabe von zusätzlichem Zucker zu überspielen. So süß auch der Name in den Ohren klingt, Armadillo Cake ist alles andere als zuckrig: die Süße erhält der in kleinen Chargen produzierte New Yorker Wermut durch dunklen Mascovado-Karamell aus Indien. Neben den üblichen Bestandteilen eines roten Wermut wie Kardamom und Bitterholz überrascht die Zutatenliste mit wildem Sellerie, Shiitake und Schwarzkümmel. Die ziemlich makabre Story, die dem Namen dieses Wermuts zugrunde liegt, soll hier mal unerwähnt bleiben – nur soviel: Sie handelt von einem Gürteltier als Kühlerfigur und ziemlich viel Blut.

Alkoholgehalt: 16 Vol.-%
Ort: New York, USA
Gründung: 2012

OSCAR.697 ROSSO

Destillerie · 697 srl
Sorte · Wermut

Unter der Leitung von Stefano di Dio versammelte OSCAR.697 die Expertise von drei unterschiedlichen Spezialisten um einen traditionellen und zugleich vollkommen modernen italienischen Wermut herzustellen. Der in Rom geborene Barkeeper Oscar Quagliarini perfektionierte das Rezept für diesen süßen roten Wermut. Bestehend aus natürlichen Zutaten ist er etwas trockener und bitterer als üblich. Bei einem Zuckeranteil von 14 % trägt er Noten von Absinth, Rhabarber und Lakritz. Das Endprodukt wird in La Canellese, nahe der Stadt Asti, in eine von David Caon entworfene Flasche aus Milchglas gefüllt. Das Label verweist auf den exakten Herstellungsprozess der pflaumenfarbenen Flüssigkeit.

Alkoholgehalt: 16 Vol.-%
Ort: Mailand, Italien
Gründung: 2012

OSCAR.697 BIANCO

Destillerie · 697 srl
Sorte · Wermut

Nachdem Erfolg des Wermuts Nr. 679 hat die in Mailand ansässige Destillerie OSCAR.697 einen weißen, süßen Wermut herausgebracht, der sich perfekt für Cocktails wie den Negroni oder den Manhatten eignet oder einfach geschüttelt auf Eis serviert werden kann. Der Nr. 773 Bianco basiert auf einem geheimen Rezept des Barkeepers Oscar Quagliarini und kombiniert den köstlichen Geschmack von Bernadotte, Gemeiner Schafgarbe, Muskatnuss und Holunderblüten. Einer Tradition von 150 Jahren verpflichtet, wird der Wermut, wie alle anderen Produkte von OSCAR.697, aus natürlichen Zutaten hergestellt. Die meisten stammen aus zertifizierten biologischen Anbau aus dem Dorf Calamandra im italienischen Piemont. Seit über 50 Jahren stellt Oreste Sconfienza hier nun schon Wermut her.

Alkoholgehalt: 16 Vol.-%
Ort: Mailand, Italien
Gründung: 2012

MERWUT

Destillerie · Dorst & Consorten
Sorte · Wermut

Dorst & Consorten besitzen eine gute Reputation dank der Herstellung von besonders innovativen und nonkonformistischen Weinen. Ihre trockenen Rieslingsorten und definierten Spätburgunder basieren dennoch auf der langjährigen Tradition der Pfälzer Weine. Erst vor kurzer Zeit haben sie zum ersten Mal mit Bitterem Beifuß experimentiert. Um ihren Merwut herzustellen, wurde das bittere magenfreundliche Kraut mit deutschem Weißwein und Brandy getränkt. Geschmacklich schwebt der Wermut zwischen würzigen, süßen und bitteren Tönen. Anders als bei den kommerziellen Wermuts, in denen die Aromen gebändigt werden, bewahrt der Merwut die einzigartige Note des Beifußes.

Alkoholgehalt: 18 Vol.-%
Ort: Landau, Deutschland
Gründung: 2010

SEASONAL WILDFLOWER

Destillerie · Uncouth Vermouth
Sorte · Wermut

Die in New York lebende Jungunternehmerin Bianca Miraglia setzt mit Leib und Seele auf Nachhaltigkeit und saisonale Angemessenheit. Zutaten, die auf natürliche Weise im New Yorker Umland gedeihen oder von Bauern bereitgestellt werden, die sich nicht nach Marktzwängen richten, bilden die Basis ihrer Aperitifweine. Der Grundwein stammt aus den nächstgelegenen Weinbaugebieten, und auf Aromazusätze, die Zugabe von Zucker oder anderen Süßungsmitteln wird gänzlich verzichtet. Obwohl in der Herstellung keinerlei aus der Ferne importierte Zutaten herangezogen werden, eröffnet der Uncouth Vermouth Wildflower ein intensives Blumenbukett, das man in dieser Form wohl nicht unbedingt in New York vermutet hätte.

Alkoholgehalt: 17 Vol.-%
Ort: Brooklyn (NY), USA
Gründung: 2012

Uncouth Vermouth

Die Dame auf dem Logo der Flaschen von Uncouth Vermouth steckt sich vorsorglich schon mal trotzig den Finger in die Nase. Denn Bianca Miraglia, 30, die jüngste Wermut-Produzentin New Yorks und Inhaberin von Uncouth, sieht sich durchaus in der Tradition der europäischen Wermuts. Immerhin verwendet sie Wilden Wermut (Artemisia vulgaris) zur Herstellung ihrer Aperitifs und legt großen Wert auf trockene und bittere Geschmacksnoten. Damit erfüllt sie voll und ganz die amerikanischen und sogar die europäischen Vorschriften. In den USA wird der Einfachheit halber nur verlangt, dass Wermut wie Wermut schmeckt. In Europa sollte ein Extrakt einer der vielen Arten der Gattung Artemisia enthalten sein.

Ein italienischer Wermut-Produzent hingegen würde ihren Produkten den Status als echte Wermuts wohl verwehren. Denn Bianca Miraglia ist der Wahl ihrer sonstigen Zutaten viel zu unkonventionell. Sie mixt in kleinen und kleinsten Chargen hemmungslos Kräuter und Säfte mit regionalem Wein und Brandy und geht dabei streng saisonal vor. Kräuter erntet sie in der freien Natur oder im Garten ihrer Mutter, andere Zutaten bekommt sie von Landwirten aus der Umgebung. Was gerade nicht wächst, wird auch nicht verwendet: „Gesüßt wird nicht und gefiltert auch nicht."

Das Ergebnis dieser Philosophie sind sehr eigenständige, eigenwillige und charmante Aperitifs. Der sehr trockene Apfel-Minze-Wermut oder eine pikant-florale Mischung aus Lavendel und Serrano-Chili möchten von unerschrockenen Gaumen erforscht und genossen werden. Mehr als einen Eiswürfel und ein bisschen Abenteuergeist braucht es dazu nicht.

BLACKDOWN
Sussex Bianco
VERMOUTH
00-001
14.7%Vol.
BLACKDOWN
Sussex Dry
GIN

LACKDOWN SUSSEX BIANCO VERMOUTH

Destillerie · Blackdown Distillery
Sorte · Wermut

Blackdown Silver Sussex Bianco Vermouth ist Englands erster weißer Wermut, geboren inmitten der kalkigen Hügel der South Downs. Die Birken rund um die Lurgashall Winery werden in den ersten Frühlingstagen angestochen, sodass der junge Saft herausquillt. Dieser wird zu Wein vergoren und anschließend in kleinen Chargen mit einer ausgesuchten Mischung lokaler Kräuter und Gewürze verfeinert. Den sahnigen Geschmack des mattgolden schimmernden Wermuts ergänzen Anklänge von Wermut, Kamille und Wacholder – die Aromen des ländlichen England. Der Silver Birch Vermouth schmeckt pur, als Aperitif oder mit Sussex Dry Gin als innovative Version des Dry Martini.

Alkoholgehalt: 14,7 Vol.-%
Ort: West Sussex, Großbritannien
Gründung: 2013

BELSAZAR VERMOUTH DRY

Destillerie · Alfred Schladerer
Alte Schwarzwälder Hausbrennerei
Sorte · Wermut

Als Basis für den Belsazar Vermouth dienen südbadische Weine, Schladerer Obstbrände und eine sorgsame Kräuterauswahl. Hier treffen der charakteristische Wermutgeschmack und andere Aromen auf die reiche Süße regionaler Trauben. Die Mischung reift in Steingefäßen, um den Originalgeschmack nicht durch Fassaromen zu verfremden. Alle vier Varianten – Dry, Red, Rosé und White – überzeugen mit edlen Noten von feiner Aprikose, Kamille und kandierter Orangenschale über Bitterschokolade, pinker Grapefruit und Johannisbeere bis zu feuriger Bitterorange und Chinarinde mit ihrem typisch bittersüßen Nachgeschmack.

Alkoholgehalt: 19 Vol.-%
Ort: Staufen im Breisgau, Deutschland
Gründung: 1844

Medizin zum Genießen

In den Klosterapotheken des europäischen Mittelalters wurden Kräuter, Gewürze, Wurzeln und Blüten gemischt, gehackt, getrocknet, fein gerieben und in Alkohol eingelegt. Um die Bitterkeit der medizinischen Kräutermischung zu lindern, kam ein Sirup hinzu oder auch mal die Reifung im Holzfass. Kein Wunder, dass die verdauungsfördernde Medizin nach einer ausgiebigen Mahlzeit bald nicht mehr wegzudenken war.

ALOË
ALUM.
ACID. OXALIC.
ADEPS LANAE
BALSAM. ST. JACOB
PASTA ZINCI
SAPO KALINUS
UNGT. MOLLE
ZINC. OXYDAT.
Emplastr hydrag. carbot.
CHARTA CERATA
CHARTA ALBA

Borgmann 1772

In Sachen Kräuterliköre ist Deutschlands Digestif-Kultur ziemlich angestaubt – doch in einem Fall ist sie ein mächtiger Exportschlager. Denn dass es auch anders gehen kann, beweisen seit ein paar Jahren drei Freunde aus Braunschweig und Berlin. Jan Borgmann ist Betreiber einer traditionsreichen Apotheke in Braunschweig, in der seit langer Zeit ein Rezept für einen hausgemachten Kräuterlikör von einem Betreiber zum nächsten weitergegeben wird. Jans Bruder Hendrik und der gemeinsame Freund Jörn Clausen leben in Berlin, wo der aus Braunschweig mitgebrachte Magenlikör bei Partys immer wieder auf Zuspruch traf. „2006 haben wir uns dann überlegt, das Produkt zeitgemäßer zu machen und haben Tradition, Design und Qualität miteinander verbunden", so Jörn Clausen.

Der Hinweis auf das Jahr 1772 im Namen spielt darauf an, dass die Apotheke zu diesem Zeitpunkt von Herzog August Wilhelm von Braunschweig-Wolfenbüttel als Hofapotheke und somit als „privilegiert" ernannt wurde. Der „Borgmann 1772" steckt heute in einer stylishen aluminiumummantelten Flasche und wird zum Teil noch immer in der Apotheke hergestellt. Als Clou wird die Verpackung für limitierte Editionen von befreundeten Gestaltern optisch immer wieder verändert und aufgefrischt. Und auch in Braunschweig weht inzwischen ein neuer Wind: In direkter Nachbarschaft zur Apotheke haben Jan, Hendrik und Claus gerade ein Café eröffnet, in dem neben Kaffee und Snacks auch der „Borgmann" angeboten wird – klassisch als Digestif bei Raumtemperatur oder gekühlt serviert. Oder auch als „Borgmann Tonic", „Borgmann Sour" und sogar als abgewandelter Klassiker, wie etwa „Singapore Sling mit Borgmann". Man kann also durchaus behaupten: Die Entstaubung des deutschen Kräuterlikörs ist im vollen Gange.

BORGMANN 1772 EDITION NO 9 GESTALTEN

Destillerie · Borgmann & Clausen
Sorte · Kräuterlikör

Was tun, wenn vor den Toren deiner Heimatstadt der erfolgreichste Kräuterlikör der Welt produziert wird? Vielleicht auf die Idee kommen, selbst einen zu machen. Das taten die Brüder Jan und Hendrik Borgmann. Ihre Eltern betrieben zur selben Zeit eine Braunschweiger Apotheke, wie es schon ihre Vorväter getan hatten. Rohmaterialien, ein Labor sowie das notwendige Wissen waren somit vorhanden. Gemeinsam mit ihrem Freund Jörg Clausen ließen sie ein altes, mündlich überliefertes Familienrezept wiederaufleben. Sie füllten den Likör in neu gestaltete Metallflaschen und gingen damit nach Berlin. Dort war er binnen kürzester Zeit fest etabliert, und heute ist er in ganz Deutschland verbreitet.

Alkoholgehalt: 39 Vol.-%
Ort: Braunschweig, Deutschland
Gründung: 1772

KRÄUTERELIXIER

Destillerie · Gebrüder Elwert
Sorte · Kräuterlikör

Die Tradition der Destillerie Gebrüder Elwert hat nicht einfach in einer dunklen, längst vergangenen Zeit ihren Anfang, sondern in einer Apotheke, in der Branntweine und pflanzliche Aufgüsse zur medizinischen Nutzung verkauft wurden. Ihre neueste Kreation, das pflanzliche Elixier Gyld, wurde von den unsterblich machenden Zaubertränken der antiken Sagen inspiriert. Sorgsam wurde der milde, nach einheimischen Kräutern und orientalischen Gewürzen schmeckende Likör über Monate hinweg aufgegossen. Die Form und das Design erinnern nicht nur an klassische Apothekergefäße, sondern verstärken auch die helle, gelb-goldene Farbe des Getränks.

Alkoholgehalt: 34 Vol.-%
Ort: Böhmenkirch, Deutschland
Gründung: 2013

PIJÖKEL 55

Destillerie · Grote Spirituosen Manufaktur
Sorte · Kräuterlikör

Im Norden Deutschlands bezeichnet das Wort „Pijökel" umgangssprachlich ein kleines Objekt. Eine Gruppe von Freunden, zu der auch der zukünftige Apotheker Kuno Grote gehörte, nutze es im Jahr 1955, um ein Stück Wurzelholz zu taufen. In seiner Apotheke im Zentrum Berlins, die nun schon in der zweiten Generation weitergeführt wird, entwickelte Grote daraufhin einen einzigartigen Likör, den er, in Erinnerung an das Ereignis, Pijökel 55 nannte. Dieser einzigartig pikante Likör duftet nach Nelke, Zimt, Ingwer und anderen Pflanzenextrakten und wird heute von der Grote Spirituosenmanufaktur gebrannt. Der bittersüße Verdauungsschnaps wird nach einem geheimen Rezept gebraut und in handgefüllten langhalsigen matt-schwarzen Glasflaschen verkauft.

Alkoholgehalt: 42,5 Vol.-%
Ort: Berlin, Deutschland
Gründung: 2010

BËSK

Destillerie · Letherbee Distillers
Sorte · Kräuterlikör

Bësk ist die amerikanische Interpretation des schwedischen Malört, eines wenig bekannten und berüchtigten Likörs auf Wermutbasis. Die elegante Variante von Letherbee Distillers entsteht nach dem Rezept von Robert Haynes und fügt dem bitteren Wermut weiche Grapefruitnoten, erdige Enzianwurzel, Sternanis und Holunderblüte hinzu. In Zusammenarbeit mit Bartender Brenton Engel brennt Haynes den Bitterlikör in limitierten Chargen. Die Destillerie versteckt sich standesgemäß in einem Industriegebäude des Chicagoer Viertels Ravenswood. Obwohl Bësk pur wie als Cocktailzutat eine kleine Herausforderung darstellt, zählt er mittlerweile zum Grundstock von Letherbee Distillers.

Alkoholgehalt: 50 Vol.-%
Ort: Chicago (IL), USA
Gründung: 2012

GINGER CAT ORGANIC LIQUEUR

Destillerie · Brennerei Ehringhausen
Sorte · Kräuterlikör

Hat nicht jede unserer Mütter irgendein Kochrezept, das sie zur ungeschlagenen Expertin auf diesem Gebiet macht? Und das trotz genauester Einhaltung aller Mengenangaben nie genau so nachgekocht werden kann? Til Bohns kölsche Mutter hat ihren Esstisch dank des selbst aufgesetzten Ingwerlikörs zur hochfrequentierten Pilgerstätte ihrer Gäste werden lassen. Ihr Sohn wollte dem Rest der Welt dieses Erlebnis nicht vorenthalten und fand in der familiengeführten Destillerie Ehringhausen in Werne einen Partner, der das verwirklichen konnte. Die Basis des 30-prozentigen Ginger Cat ist ein 12 Monate holzfassgereiftes Weindestillat, dem der Ingwer eine angenehme Schärfe und der Akazienhonig eine milde liebliche Note verleiht – alles in Bioqualität.

Alkoholgehalt: 30 Vol.-%
Ort: Köln, Deutschland
Gründung: 2012

HOPKA

Destillerie · Indio Spirits
Sorte · Kräuterlikör

Das Team von Indio Spirits, bestehend aus zwei Partnern und dem Destillateur, könnte einem Roman von Tom Wolfe entsprungen sein: zwei breitschultrige, robuste Kerle mit Basecap und der gealterte Lebemann als „President" der Destillerie – amerikanische Urtypen eben. Bei ihren Drinks bedienen sie umso weniger die gängigen Klischees. John Ufford, Gründer der Marke, hat seinen Wodkas von Anfang an einen Twist mit Brombeere, Wasabi oder Zitronengras verpasst. Die Gin-, Rum- und zuletzt Whiskeykreationen sind ebenso von Experimenten geprägt. Jüngstes Projekt ist Hopka: ein Hopfenlikör aus Getreidedestillat mit Cascade- und Citra-Hopfen aus dem fruchtbaren Willamette Valley, das südlich von Portland gelegen ist. Gemacht ist der Hopka für Craftbier-Liebhaber – verwendet werden kann er wie Wodka, Gin oder Whiskey.

Alkoholgehalt: 40 Vol.-%
Ort: Portland (OR), USA
Gründung: 2004

FERNET LEOPOLD HIGHLAND AMARO

Destillerie · Leopold Bros.
Sorte · Kräuterlikör

Einst zogen die zwei Leopold-Brüder aus Colorado hinaus in die weite Welt, um in die Lehre zu gehen: Todd erwarb ein Brau-Diplom und vertiefte seine Kenntnisse in München, Scott ließ sich zum Umwelt- und Industrie-Ingenieur ausbilden. In Michigan brachten sie ihr jeweiliges Spezialwissen zu einem großen Ganzen zusammen und gründeten 1999 die Brauerei Leopold Bros., die bald um eine Destillerie erweitert wurde. Seither produzieren sie gefeierte Spirituosen von Absinth bis Wodka in Bioqualität – mittlerweile in ihrer Heimat Denver. Der prämierte Bitterlikör Fernet Leopold Highland Amaro mit 40 Prozent Alkoholgehalt hat einen ganz außergewöhnlichen und untypischen Minzcharakter, der sich in das Kräuterbouquet aus Kamille, Geißblatt, Holunder- und Rosenblüten und die bittere Wurzelmischung einfügt.

Alkoholgehalt: 40 Vol.-%
Ort: Denver (CO), USA
Gründung: 1999

BIGALLET VIRIANA CHINA-CHINA

Destillerie · Bigallet
Sorte · Bitterlikör

1872 gründete Félix Bigallet in Lyon eine Fabrik für Sirup und Likör. Mit ein paar Exemplaren im Fond seiner Kutsche reiste er durch Frankreich, um seine Produkte anzupreisen. Damals schon hatte er den Viriana China China im Programm: einen Verdauungslikör, der durch Mazeration und Destillation bitterer und süßer Orangenschalen entsteht. Hinzu kommen Zitrusblüten, Orangen, Chinarinde und eine geheime Auswahl an Kräutern. Die dunkle Farbe verleiht ihm karamellisierter Zucker. Einer Legende nach hat ein Likörhersteller aus der Isère sich von seiner schönen Assistentin namens China China während der Garzeit dermaßen ablenken lassen, dass der Zucker anbrannte – und den später so geschätzten Karamellgeschmack hervorrief.

Alkoholgehalt: 40 Vol.-%
Ort: Virieu-sur-Bourbre, Frankreich
Gründung: 1872

Leopold Bros.

Als die Behörden im Jahr 2007 die Herstellung von Absinth in den USA nach langem Verbot wieder erlaubten, zögerte Todd Leopold nicht lange. Der gelernte Bierbrauer betrieb zu dieser Zeit gemeinsam mit seinem Bruder Scott ein kleines Brauhaus in Ann Arbor, Michigan. Die Geschäfte liefen ganz gut, denn Todd beherrschte sein Handwerk. Er hatte am Siebel Institute in Chicago studiert und hat sich im Mutterland des Bierbrauens weitergebildet – bei Würzburger Hofbräu sowie Fässla in Bamberg.

Da die Gebrüder Leopold nur selbst hergestellte Alkoholika ausschenken durften, begann Todd, mit der Destillation von Spirituosen zu experimentieren: „Los ging es mit Wodka und Gin, gefolgt von unseren Likören. Wir mussten schließlich unser Barsortiment aufstocken, um auch Cocktails anbieten zu können", sagt der heutige Meisterdestillateur bei Leopold Bros. Als 2008 ein neuer Inhaber den Mietvertrag für das Brauhaus nicht verlängerte, nutzten die Brüder die Gelegenheit und gingen zurück in ihre Heimat, nach Denver in Colorado. Sie verkauften das Equipment der Brauerei und konzentrierten sich von nun an auf Destillate. Mit Erfolg: Leopold Bros. genoss schnell hohes Ansehen, denn die Nachfrage nach handgemachten Spirituosen boomte in den USA. Und die Gebrüder Leopold haben von Gin bis Whiskey alles im Angebot – 20 Spirituosen und Liköre insgesamt.

Eine Besonderheit ist der „Absinthe Verte", der auf Basis eines importierten chilenischen Piscos entsteht und außerdem Anis, Fenchel und Wermutkraut beinhaltet. „Das Destillat ist zunächst weiß, also erhitzen wir es auf 120 Grad und fügen Ysop, Pontischen Beifuß und Zitronenmelisse hinzu. Der heiße Alkohol löst das Chlorophyll aus den Botanicals – so entsteht die schöne grüne Farbe des Absinths", erklärt Todd den Herstellungsprozess. In der kürzlich eröffneten neuen Fabrikanlage können Besucher live bei der Herstellung aller Spirituosen der Leopold Bros. zusehen. Besonderes Highlight der Besuchertour ist der Blick in den Bereich, in dem Todd und eine Handvoll Helfer die Gerste für den Whiskey mälzen. Dieser Arbeitsschritt geschieht ausgesprochen selten innerhalb einer Destillerie selbst.

Amaro

•

Mit dem Film *La dolce vita* setzte Federico Fellini dem italienischen Lebensgefühl ein Denkmal. Seither steht das süße Leben Pate für die weltweite Italiensehnsucht – eine Süße, die mit einem kleinen bitteren Likör namens Amaro leichter zu verdauen ist.

Als Federico Fellini 1960 seinen Film *La dolce vita* in die Kinos brachte, wollte er der oberflächlichen italienischen Jetset-Gesellschaft den Spiegel vorhalten. Das pulsierende Nachtleben auf der Via Veneto in Rom wurde jedoch nicht zum Symbol einer dekadenten italienischen Oberschicht, sondern machte die Via Veneto vor allem zum Ziel für die Schönen und Reichen aus aller Welt. Seither gelten die Italiener als Spezialisten dafür, sich ausgiebig gehen zu lassen und bei gutem Essen die Süße des Lebens genießen zu können. Dass dies nicht immer süß schmecken muss, zeigt ein Blick auf die Vielfalt der italienischen Kräuterliköre – der Amari – die unterdessen nicht nur als Digestif nach dem Essen, sondern auch in Cocktails und Longdrinks einen festen Platz in der Barkultur erobert haben.

Amaro ist das italienische Wort für „bitter" und erinnert daran, dass dieses Getränk in seinem Ursprung nicht als Genussmittel, sondern als Medizin gedacht war. Italienische Mönche glaubten, die Wirkung der Kräuter aus ihren Klostergärten im Alkohol konservieren zu können und so nicht nur Krankheiten, sondern auch den Leibhaftigen selbst von sich fernhalten zu können. Die Basis ihrer Liköre bildeten Destillate, die einen höheren Alkoholgehalt als Wein oder Bier hatten. Den Geschmack des Amaros formten dann die zugesetzten Kräuter. Auch als die Herstellung dieser Medizin im 19. Jahrhundert industrialisiert wurde, änderte sich daran nichts. Noch immer enthält ein Amaro 15 bis zu 39 Prozent Alkohol und ist damit besonders lange haltbar. Hinzugegeben werden bis zu 60 verschiedene Kräuter, deren Zusammensetzung selbstverständlich strengster Geheimhaltung unterliegt. Ihnen gemein ist der regionale Bezug. Es lohnt sich also, auf einer Reise durch Italien nicht einfach einen Ramazotti zu bestellen, sondern nach vor Ort hergestellten Produkten zu fragen.

Während in Italien selbst der Amaro hauptsächlich als Verdauungshilfe getrunken wird, gehen Barmixer weltweit kreativer mit dem Likör um. „Wenn man glaubt, dass man Amaro nur in geringen Mengen verwenden sollte, wie andere Magenbitter, hat man etwas falsch verstanden. In vielen meiner Cocktails benutze ich Amaro als Grundlage. Warum auch nicht?", sagt Chaim

SASSOLINO
LIQUORE DA DESSERT
SPECIALITÀ DELLA DISTILLERIA
GALDINO CASELLI
GIÀ DELLA DITTA F.sco CASELLI
(MODENA) SASSUOLO
OFF. LITO. CESARE COSTA - BOLOGNA
AFFISSI CESARE COSTA BOLOGNA

Dauermann, der frühere Barmanager in der New Yorker Inoteca Liquori Bar. Nach Jahren des Aperol Spritz und anderer süßer Drinks seien viele seiner Gäste wieder auf der Suche nach vielfältigeren Geschmackserlebnissen. „Amaro ist eine anspruchsvolle und ziemlich verzwickte Angelegenheit", ergänzt das Team von Brovospirits aus Washington, „im besten Fall jedoch eine wahre Sinnesreise". In Washington hat man den regionalen Bezug des traditionellen Likörs gänzlich neu interpretiert: „Wir haben sieben Barkeeper gefragt, ob sie mit uns zusammen Amaro machen wollen. Wir dachten, vielleicht sagen ein oder zwei zu. Aber alle sieben haben ja gesagt." So bilden sieben sehr unterschiedliche Amari das „Project Amaro", denn „in jeder Stadt wird das Verhältnis zwischen bitter und süß anders austariert." Dass sich der Amaro in den letzten Jahren einen Stammplatz in den Regalen der Barmixer erobern konnte, liegt sicher an seiner Vielfalt. Kein einziger schmeckt wie der andere.

Doch neben neuen Trends und allerlei Experimentierfreude ist es wohl auch der alte Glaube an die medizinische Wirkung, die den Amaro in seinem Ursprungsland zur Selbstverständlichkeit hat werden lassen. Trotz gegenteiliger wissenschaftlicher Beweise empfehlen viele italienische Ärzte den regelmäßigen Verzehr von Kräuterlikör gegen Verdauungsbeschwerden. Auch soll übellaunig sein, wer einen vollen Magen hat. Das zumindest gilt als Grund dafür, dass Italiener den Gesprächen bei Geschäftsessen nicht allzu viel Bedeutung beimessen. Erst wenn alles verdaut ist, sei man wieder im Vollbesitz seiner geistigen Fähigkeiten. So ist an dem Gerücht, man könne sich mithilfe der eingelegten Kräuter sogar den Teufel vom Leib halten, vielleicht doch ein Funken Wahrheit dran.

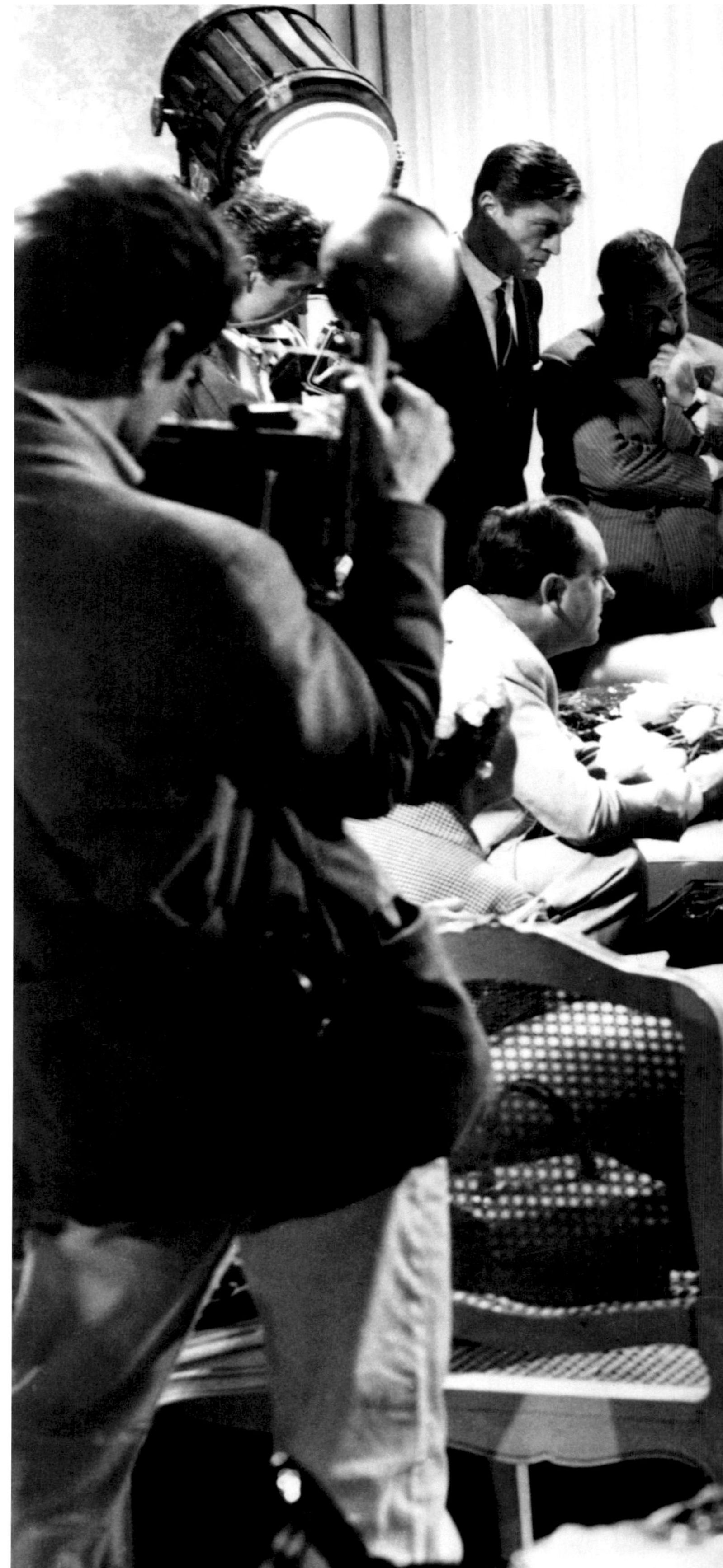

GRAN CLASSICO BITTER

Destillerie · Erlebnisbrennerei Kallnach
Sorte · Amaro

Das Originalrezept für den „Turin Bitter" stammt aus dem Jahr 1864. Es basiert auf einer klassischen Zubereitung von verschiedenen Kräutern und Wurzeln wie Bitterer Beifuß ohne weitere Zusätze von Aromen und Farben. Seitdem die Schweizer Destillerie Kallnach das Rezept 1925 erworben hat, wird das vielseitige bittersüße Getränk dort hergestellt. Bittere Orangenschalen, Rhabarber und andere Zutaten werden mazeriert und erhalten im Gärungsprozess einen besonderen bernsteinfarbenen Ton. Gran Classico Bitter kann auf Eis oder mit Selterswasser serviert werden. Er eignet sich auch als feiner Ersatz gängiger roter Bitterliköre in klassischen Cocktails.

Alkoholgehalt: 28 Vol.-%
Ort: Kallnach, Schweiz
Gründung: 1925

THE BITTER TRUTH E**X**R

Destillerie · Dolin für The Bitter Truth
Sorte · Bitterlikör

Seit 2006 lassen die beiden Münchner Alexander Hauck und Stephan Berg mit ihrer Firma The Bitter Truth alte Trinkrezepte wieder aufleben. Während die ersten Bitter auf den Einsatz von nur wenigen Tropfen in alten oder neu interpretierten Barklassikern beschränkt waren, verstehen sie sich mittlerweile auch auf die Produktion von Likören verschiedenster Art, wie etwa den E**X**R. Irgendwo zwischen süßem Wermut und Kräuterlikör, lässt sich der beim französischen Wermut-Spezialisten Dolin gefertigte Aperitif mit seinen Aromen von dunkler Schokolade, Kaffee und Alpenkräutern überaus vielseitig einsetzen. Ob pur auf Eis, in einem Manhattan oder einem bitterfreudigen Negroni.

Alkoholgehalt: 30 Vol.-%
Ort: Chambéry, Frankreich
Gründung: 2006

MONDINO AMARO

Destillerie · Brennerei Schnitzer
Sorte · Bitterlikör

Mondino, ein Amaro mit italienischen Wurzeln, vereint die Aperitifkultur Italiens mit deutschem Perfektionismus am Fuße der bayerischen Alpen. Die Idee dazu brachte Destillateur Hans Schnitzer in den 1960er-Jahren von der anderen Seite der Berge mit. Über Jahrzehnte perfektionierte er das Rezept mit lokalen Früchten und aromatischen Kräutern. Seit ein halbes Jahrhundert später sein Enkel Max die Familienspezialität wiederentdeckt hat, arbeiten die beiden zusammen am Revival des bayerischen Amaro. Für frischen Wind sorgt moderne Handwerkskunst, für den Geschmack des vielseitigen Bitterlikörs die Auswahl an Zutaten, zu denen Biobitterorange, Rhabarber und Gelber Enzian gehören.

Alkoholgehalt: 18 Vol.-%
Ort: Traunstein, Deutschland
Gründung: 2013

0,7 L
AMARO
BAVARESE
MONDINO
Amaro
18%
ALC./
VOL.

LIQUORE DI GENEPY

Destillerie · Pàlent
Sorte · Bitterlikör

Nach seinem Berufsleben zu Zeiten des ökonomischen Aufschwungs im Italien der Nachkriegszeit engagierte sich Matteo Laugero für die Wiederbelebung der landwirtschaftlichen Tradition seines Heimatortes Palênt, eines kleinen Weilers im oberen Valle Maira. Seine Familie ist auf biodynamische Erzeugung des alpenländischen Wermuts Genepy spezialisiert. Durch die abschüssigen Felder und Dornbüsche des Anwesens ziehen sich Bewässerungsgräben, die ländliches Quellwasser mit sich führen. In einer kleinen Werkstatt in San Damiano Macra tränken Matteo und seine beiden Söhne die Pflanzen in Alkohol aus biologisch angebautem Weizen. Dann wird der angenehme, in der uralten Tradition des Tals gebraute Likör in Flaschen abgefüllt.

Alkoholgehalt: 38 Vol.-%
Ort: San Damiano Macra, Italien
Gründung: 2002

Palènt

Im piemontesischen Valle Maira auf 1500 Metern liegt das Örtchen Palènt - ein Weiler mit einer Handvoll Häusern, umrahmt von Buchen- und Kiefernwäldern. Matteo Laugero stammt von hier. Nachdem er vom Tal und seinem dort aufgezogenen Schreibwarenhandel genug hatte und die Kinder seiner Obhut entwachsen waren, zog er wieder zurück auf die Höhe. Nicht um ein einsames Kapitel aufzuschlagen, sondern um Karriere als Likörhersteller zu machen. Die schwarze Edelraute - eine Verwandte des Wermut und Hauptzutat seiner Spezialität - wächst in hohen Lagen der Piemonteser Alpen wild, und zwar gern in schwer erreichbaren Felsrissen und auf Geröll. Ein paar Pflanzen hatten es sich damals auf dem mittlerweile unbewohnten Familiengrundstück bequem gemacht, als wollten sie Matteo mit dem Zaunpfahl zuwinken. Mithilfe von Bewässerungsanlagen, die das klare Quellwasser verfügbar machen, dehnte Laugero den Bestand mit der Zeit auf über 40.000 Pflanzen aus. Von einer disziplinierten Reihenformation konnte er seine grünen Zöglinge auch überzeugen. Das allerdings bedeutet viel Handarbeit: Gemeinsam mit seinen Söhnen sammelt er die Samen der Pflanzen ein, um sie immer wieder neu auszusäen und bis zu ihrer Reife zu pflegen. Zwischen Aussaat und Verkostung des Genepy liegen drei Jahre. Die intensiven Kräuter geben ihr Aroma per Kaltmazeration an den Alkohol aus Bioweizen ab, der dann destilliert wird. Der leicht süße, ölige und sehr aromatische Kräuterlikör hat schon Eingang in die Turiner Spitzengastronomie gefunden. Aber das Delirium erwartet einen erst auf 1500 Metern über Normalnull, wo im Rifugio Palènt Matteos Frau Virginia mit italienischen Delikatessen betört - im Duett mit 38-prozentigem Genepy.

Filler

•

Longdrinks und Cocktails wären ohne sie nicht denkbar. Dass die beliebtesten unter ihnen, Tonic Water, Ginger Beer und Bitter Lemon, standardmäßig synthetisch schmecken, ist nicht länger hinzunehmen – finden Drink-Experten und schrauben an alten Rezepten.

HENDRICK'S
GIN

FENTIMANS
"FAITHFUL TO THE ORIGINALS"
BOTANICALLY
Serve chilled
FENTIMANS
EST. 1905
BOTANICALLY
BREWED
TRADITIONAL
GINGER
BEER
Fermented Botanical Ginger
Drink with Herbal Extracts
125ml ℮
Best before: See neck
UPEND BEFORE POURING

Irgendwann, nicht lange nachdem Joseph Priestley 1772 in Leeds das Sodawasser erfunden hatte, musste jemand die Idee gehabt haben, seinen Wein mit dem neuen schweflig-sprudeligen Wasser zu mischen, denn schon Ende des 18. Jahrhunderts war der sogenannte Spritz in Europa salonfähig. Kurz darauf kamen die ersten aromatisierten Sodas auf den Markt. „Das erste Tonic Water wurde 1858 von Erasmus Bond erfunden und von W. Pitt & Co. in London hergestellt", so Tristan Donovan, der mit „Fizz – How Soda Shook Up the World" in den USA einen umfangreichen Soda-Leitfaden veröffentlicht hat. „Es war ursprünglich als Heilmittel gegen Malaria gedacht und enthielt deswegen eine große Menge Chinin – daher der bittere Geschmack. Um dem entgegenzuwirken, mixten die britischen Soldaten in der damaligen Kolonie Indien das Tonic Water mit Gin. Schon war der Gin Tonic geboren", erklärt er. 1870 brachte dann Schweppes sein Indian Tonic Water auf den Markt und belieferte damit die britische Armee.

Einen Boom erlebten die „Filler" in den USA während der Prohibition – einerseits als Tarnung für den Alkohol und andererseits, weil die schwarz gebrannten Spirituosen einfach zu stark waren, um pur getrunken zu werden.

Knapp ein Jahrhundert später steht der Genussmensch vor einem ganz anderen Problem: Wenn immer mehr Wert auf die Qualität von Gin, Wodka und Co. gelegt wird – wie ist es zu verantworten, dass sie mit den standardmäßig industriell erzeugten Fillern gepanscht werden? Bei Longdrinks sogar gut und gerne im Verhältnis eins zu drei. „Das ist in etwa so, als würde man ein Stück Kobe-Rind stundenlang fachmännisch bei Niedrigtemperatur garen und es dann in Hela Gewürzketchup ertränken", lacht Peter Hundert, der zusammen mit Hendrik Schaulin in Hamburg Tonic- und Ginger-Sirup aus rein natürlichen Zutaten herstellt. Gemischt mit Sprudelwasser kann dieser so stark oder mild dosiert werden wie gewünscht. Für den normalen Barbetrieb sei die Methode zu zeitaufwendig, für den Hausbarkeeper aber ein willkommener Showeffekt. Der Fotograf und der Stylist, die ihre Sirupküche als Experiment starteten, bekamen so viel positive Resonanz, dass aus dem Hobby inzwischen ein kleines Unternehmen mit dem Namen pHenomenal hervorgegangen ist.

Und was passiert inzwischen an der Bar? Während Schweppes lange Zeit beinahe ein Monopol auf Filler hinter dem Tresen hatte, liest man nun öfter andere Namen auf den Etiketten der kleinen Glasflaschen. Fever Tree, Thomas Henry, Goldberg, Fentimans sind nur einige der vielen Tonic-Anbieter, die heute nicht nur die Barkultur bereichern. Von süßlich bis stark bitter, groß- bis kleinperlig, mit Thymian- oder Rosmarinaromen verfeinert, ist der Filler mittlerweile so anspruchsvoll erdacht wie die Spirituose, mit der er sich verbinden soll. Auch an Rezepten für Ginger Beer, Zitronenlimonade und Cola wird gerüttelt. Es tut sich was im Longdrinkglas.

Craft Spirits & Craft Cocktails

•

Bartender-Legende Jim Meehan spricht über den Einsatz von handgemachten Spirituosen in seiner Bar, die Renaissance der Cocktails und passionierte Cocktailtrinker.

Jim Meehan hat mit seiner New Yorker Bar „Please Don't Tell" Geschichte geschrieben. Bargeschichte. Die Bar mit nur 20 Plätzen, deren Tür hinter einer Telefonzelle in einem Hot-Dog-Laden versteckt ist und in der exzellente Drinks serviert werden, hat vor einigen Jahren einen globalen Trend ausgelöst. „Speakeasys" heißen die versteckten Bars, die an die Zeiten der Prohibition in den USA erinnern und sich eine Zeitlang in den Hinterzimmern und Kellern jeder angesagten Metropole dieser Welt auf geheimnisvolle Weise vermehrt haben. Jim Meehan ist dadurch zu einer Legende geworden. Einer Barlegende. Das Please Don't Tell (PDT) hat die Herzen seiner Gäste nicht nur wegen der Qualität der angebotenen Cocktails erobert. Für Jim Meehan sind die Gäste und eine gute Atmosphäre in der Bar entscheidend für den Erfolg. Außerdem legt er großen Wert auf Individualität: bei der Wahl seiner Spirituosen, bei der Kreation seiner Cocktails und im Umgang mit seinen Gästen.

Lass uns mit einer grundsätzlichen Frage beginnen: Hat das PDT einen Craft Spirit auf der Karte?

Natürlich! Im Moment schenken wir Clear Creek Kirschwasser, Pear & Plum Brandy, Woody Creek Wodka, Mr. Katz's Rock & Rye Whisky und Barr Hill Tom Cat Gin aus. Das sind alles einheimische „Craft" Spirits. Wir benutzen sie für 6 von unseren 18 Cocktails. Letztlich nutzen wir sie aber, weil sie hervorragend schmecken! Mit den Betreibern der Destillerien bin ich befreundet, oder sie sind Bekannte von mir, insofern möchte ich sie auch unterstützen; am Ende des Tages mixen wir ihre Produkte aber aufgrund ihrer Qualität.

Verändert der rasante Erfolg der Craft Spirits Deine Arbeit als Barkeeper?

Allerdings! Es gehört zu meinem Job so viele Spirituosen wie möglich zu kosten, damit ich die besten Zutaten für unsere Cocktails und die besten Drinks für unsere Kunden finden kann. Hunderte von neuen Destillerien bedeuten daher, dass ich viel öfter zu Verkostungen muss und dabei kaum über Referenzen verfüge, um meine Entscheidungen zu prüfen. Oftmals bin ich (glücklicherweise) einer der ersten, der ein neues Produkt kosten darf. Es ist eine Ehre. Meistens liege ich bei der Beurteilung richtig, gelegentlich habe ich aber auch das Gefühl, mich falsch entschieden zu haben.

Worin besteht deiner Meinung nach der bedeutendste Unterschied zwischen einem Craft Spirit und einem Standardprodukt?

Auch wenn Massenprodukte wie Absolut Wodka, Maker's Mark Bourbon, Johnny Walker, Scotch Whisky, Tanqueray Gin oder Remy Martin Cognac (ich könnte noch weitermachen) sicherlich keine „Kunstwerke" sind, so besitzen sie doch eine Qualität, weshalb sie in ihren Bereichen auch Benchmarks sind. Normalerweise sind Craft Spirits geschmacklich viel eigentümlicher als die großen Marken: Sie besitzen die einzigartige Signatur ihrer jeweiligen Hersteller, ihr Charakter wechselt tendenziell mit den Abfüllungen

und zudem unterlaufen sie oft die bestehenden Konventionen und Kategorisierungen. Die standardisierten Spirituosen sind sowohl in ihrer Qualität als auch in ihrem Charakter beständig; Jahr für Jahr bleiben sie gleich – als Barkeeper schätze ich das natürlich.

Und wie würdest du die Unterschiede zwischen den Craft Spirits und ihren industriellen „Verwandten" geschmacklich beschreiben?

Auch Meiner Meinung nach liegt es in der Natur von kommerziellen Produktionen industriell zu sein und die Geschmäcker sind bekanntlich verschieden. Je größer ein Unternehmen ist, desto leichter wird es für sie, die Kosten niedrig zu halten. Aus diesem Grund können es sich größere Unternehmen leisten, ihre Spirituosen länger altern zu lassen, beständigere Methoden für die Produktion anzuwenden und ihre Produkte aufwändiger zu verpacken. Die Produktion ist für kleinere Marken viel teurer. Um wettbewerbsfähig zu bleiben, müssen die kleinen Destillerien die finanziellen Hürden durch ein durchdachtes Produkt überspringen, das nicht nur einfach gut schmecken darf, sondern den Zeitgeist treffen muss. Kleine Schiffe sind viel beweglicher als große, aber wenn die Großen einmal in die richtige Richtung steuern, wird es schwer.

Bedingt die Renaissance des Cocktails den Erfolg der kleinen Destillerien, oder ist es umgekehrt?

Ja und nein. Bestimmte Destillerien wie Lance Winters, Marko Karakasevic, Todd Leopold und Ralph Erenzo sind schon lange dabei, in manchen Fällen schon länger als die moderne Cocktail Renaissance. Es gäbe aber überhaupt keine „Bewegung" ohne passionierte Konsumenten und tatsächlich ist es so, dass Menschen die Craft Spirits mögen, auch Cocktails trinken, die aus diesen besonderen Spirits gemixt werden. Die meisten Konsumenten in High-End Cocktail Bars bevorzugen Drinks, die aus der Umgebung stammen. Aus diesem Grund arbeiten Craft Destillerien und Barkeeper auch viel enger als früher zusammen. Kollaborationen zwischen Destillerien und Barkeepern sind heute sehr häufig und ein neuer aufregender Trend in der Craft Szene geht sogar dahin, dass Barkeeper eigene Marken entwickeln und besitzen.

Wenn du selbst in eine Bar gehst, erwartest du dann, dass es Craft Spirits auf der Karte gibt?

Es hängt von der Bar ab. Wenn ich auf der Karte ein regionales Essen oder Getränke sehe, dann wähle ich eher das Bier oder den Wein aus der Umgebung. Es gibt auf der Welt aber viele Gegenden, in denen das Brennen von Alkohol gesetzlich kontrolliert wird und aufgrund von staatlichen Regulationen oder Handelsbeziehungen sehr teuer ist, so dass die Craft Spirits oft hinter anderen regionalen Spezialitäten hinterherhinken.

Suchst du nach regional ansässigen Destillerien, wenn du verreist?

Natürlich! Destillerien faszinieren mich.

Würdest du uns ein Rezept für einen Cocktail verraten, der auf einem Craft Spirit basiert?

Afternine:

24 cl	Lavendel Minze Tee, frisch gebrüht
3 cl	Monkey 47 Schwarzwald Dry Gin
1,5 cl	Marie Brizard White Crème de Cacao
0,75 cl	Green Chartreuse V.E.P.

In einen vorgewärmten isolierten Becher füllen, mit einem Lavendelzweig und Minzblatt garnieren.

Index

Über die Autoren

Cathrin Brandes

Cathrin Brandes ist Gastronomieberaterin und Buchautorin. Mit ihren jährlichen Food-Trendprognosen wird sie viel beachtet und zitiert. Ihre Leidenschaft gilt guten Spirituosen. Diese zu trinken, zu bewerten und darüber zu schreiben ist für sie mehr als ein wichtiger Teil ihres Berufs.

Texte: 29, 30–33, 35, 42–45, 56–59, 62, 76–79, 82, 124, 128, 132, 135, 138–143, 146, 149, 171, 182–187, 196–199, 202, 207, 230–235

The Weekender

Christian Schneider und Dirk Mönkemöller geben seit 2011 gemeinsam das deutsche Magazin The Weekender heraus das vier Mal im Jahr unter dem Subtitel "Magazin für Einblicke und Ausflüge" erscheint. In dem preisgekrönten Independent-Magazin geht es um Themen wie Wohnen, Reisen, Essen und Natur.

Texte: 18, 47, 95, 175, 176, 212, 217

Christoph Keller

Christoph Keller zählt zu den gefragtesten Destillateuren weltweit. In seiner eigenen Brennerei „Stählemühle" am Bodensee stellt er Spitzenbrände aus Obst, Kräutern, Wildfrüchten, Gewürzen, Pilzen und Nüssen in kleinsten Liebhaberchargen her. Darüber hinaus ist er als Master Distiller für den „Monkey 47 – Schwarzwald Dry Gin" verantwortlich.

Texte: 8–12, 160–163

Index

Index

Index

Geistige Getränke

Brände & Liköre
handgemacht & hochprozentig

Konzeption, Redaktion und Design von Gestalten.

Herausgeben von Cathrin Brandes, Christian Schneider,
Dirk Mönkemöller und Robert Klanten

Features und Markenporträts: Cathrin Brandes,
Dirk Mönkemöller und Anna Lea Pasdzierny
Features über Gin und Destillation: Christoph Keller
Produktbeschreibungen: Anna Lea Pasdzierny
und Thomas Domenig
Produktbeschreibungen in englischer Sprache: Tamar Shafrir
Übersetzung aus dem Englischen Philipp Kleinmichel
und Marianne Julia Strauss
Korrektorat: Michael Ammann

Coverfotografie: Stählemühle von Albrecht Fuchs
Backcoverfotografie: Glendalough Distillery von Bárbara Crepaldi;
Gin Sul von Stephan Garbe; Chase Distillery

Creative direction: Christian Schneider und Dirk Mönkemöller
Layout: Moya Ehlers und Jeannine Moser
Schrift: Buenos Aires von Luzi Gantenbein

Druck: Nino Druck GmbH, Neustadt/Weinstraße
Printed in Germany

Erschienen bei Gestalten, Berlin 2015
ISBN 978-3-89955-565-3

Weitere Informationen unter www.gestalten.com.

Bibliografische Information der Deutschen Nationalbibliothek:
Die Deutsche Nationalbibliothek verzeichnet diese Publikation in der Deutschen Nationalbibliografie; detaillierte bibliografische Daten sind im Internet über http://dnb.d-nb.de abrufbar.

Alle in dieser Publikation vorgestellten und porträtierten Unternehmen, Projekte und Individuen wurden auf Basis ästhetischer und inhaltlicher Kriterien ausgewählt und in keinem Fall aufgrund von Zahlungen oder kommerziellen Zuwendungen seitens der vertretenen Architekten, Designer und Künstler.

Dieses Buch wurde auf FSC®-zertifiziertem Papier gedruckt.

MIX
Papier aus verantwortungsvollen Quellen
FSC® C006655